westermann

W0360086

ERLEBNIS

Naturwissenschaften Luxemburg

Arbeitsheft

1

ERLEBNIS
Naturwissenschaften

In Teilen eine Bearbeitung von:
978-3-14-102073-1
978-3-14-102074-8
978-3-14-102089-2
978-3-14-151862-7
978-3-14-117147-1
978-3-14-117083-2
978-3-14-188116-5

Beratung:
Raoul Scholtes
Luc Bernardin
Tommaso Casagrande
Thierry Chèvremont
Marc Scheller
Daniel Straus

Autorinnen und Autoren:
Monisha Chakraborty
Antje Starke

Bildquellenverzeichnis:
|Alamy Stock Photo (RMB), Abingdon/Oxfordshire: Daly, Jeff J 11.2; imageBROKER 38.3; MARKA/Mereghetti, Giovanni 66.2; Panther Media GmbH 38.1. |Atelier tigercolor Tom Menzel, Klingberg: 12.1, 13.1, 13.2, 13.3, 13.4, 13.5, 13.6, 16.2, 17.1, 17.2, 17.3, 17.4, 17.5, 18.1, 18.2, 18.3, 19.1, 20.1, 21.1, 21.2, 21.3, 22.1, 24.1, 26.1, 27.1, 27.2, 29.1, 29.2, 30.1, 31.1, 31.2, 32.2, 33.1, 34.1, 35.1, 35.2, 35.3, 35.4, 35.5, 35.6, 36.1, 36.2, 36.3, 36.4, 36.5, 36.6, 36.7, 36.8, 36.9, 36.10, 37.1, 37.2, 37.3, 37.4, 37.5, 37.6, 37.7, 37.8, 37.9, 37.10, 37.11, 37.12, 37.13, 37.14, 37.15, 39.1, 39.2, 39.3, 39.4, 40.1, 40.2, 40.3, 40.4, 41.1, 41.2, 41.3, 41.4, 42.1, 43.2, 46.1, 47.1, 48.1, 49.1, 50.1, 51.1, 52.1, 53.1, 54.1, 54.2, 55.1, 55.2, 56.1, 56.2, 57.1, 58.1, 58.2, 63.1, 66.3. |fotolia.com, New York: Bhren, Sven 59.1; Friedberg 10.1; froto 10.2; playstuff 6.2. |Gall, Eike, Enkirch: 24.2, 44.1, 45.1. |Getty Images (RF), München: BraunS 25.1. |Herzig, Wolfgang, Essen: 6.1. |Imago, Berlin: blickwinkel 43.1. |iStockphoto.com, Calgary: ClarkandCompany Titel; Lalocracio 59.3, 59.4; monkeybusinessimages 69.1; Studio-Annika 31.3; Svetl 11.1. |juniors@wildlife Bildagentur GmbH, Hamburg: Biosphoto 28.2. |Kranenberg, Hendrik, Drolshagen: 64.1, 64.2. |Minkus Images Fotodesignagentur, Isernhagen: 5.1, 5.2, 16.1. |OKAPIA KG - Michael Grzimek & Co., Frankfurt/M.: Christen 32.1. |PantherMedia GmbH (panthermedia.net), München: Esch, Ute 25.2. |Picture-Alliance GmbH, Frankfurt/M.: ZB/Burgi, Arno 6.3. |Privitzer, Wolfgang, Wien: 23.1, 23.2. |Rössler, Michal, Tübingen: 38.2. |Schobel, Ingrid, Hannover: 60.1. |Science Photo Library, München: Giphotostock 14.1. |stock.adobe.com, Dublin: by-studio 59.2; fotofabrika 66.1; inkwelldodo 28.1. |Viertel, Judith, Lehre: 14.2. |von Goessel, Hannes, Erding: 9.1. |Wildermuth, Werner, Würzburg: 15.1, 15.2, 15.3.

Druck A[1] / Jahr 2021
Alle Drucke der Serie A sind im Unterricht parallel verwendbar.

Redaktion: Lisa Bienemann, Sebastian Müller
Illustrationen: Atelier tigercolor Tom Menzel, Eike Gall, Wolfgang Herzig, Hendrik Kranenberg, Wolfgang Privitzer, Michal Rössler, Ingrid Schobel, Judith Viertel, Hannes von Goessel, Werner Wildermuth
Layout und Umschlaggestaltung: LIO Design GmbH, Braunschweig
Druck und Bindung: Westermann Druck GmbH, Georg-Westermann-Allee 66, 38104 Braunschweig

ISBN 978-3-14-**117604**-9

Inhaltsverzeichnis

Denk- und Arbeitsweisen

Stoffe im Alltag

Die Zelle

Pflanzen, Tiere, Lebensräume

Körper und Gesundheit

Entwicklung und Sexualität

Kräfte

Energie

1 Die drei Naturwissenschaften

Zu den Naturwissenschaften gehören die Biologie, die Chemie und die Physik.
Biologen untersuchen Lebewesen, ihre Entwicklung, ihr Verhalten und ihre Umwelt. Chemiker beschäftigen sich mit Stoffen, chemischen Reaktionen und chemischen Verbindungen. Physiker untersuchen Vorgänge der unbelebten Natur. Die drei Naturwissenschaften hängen eng zusammen. Viele Vorgänge gehören nicht nur zu einem Bereich, sondern lassen sich durch mehrere Naturwissenschaften untersuchen.

Kreuze die richtigen Aussagen an:

richtig	falsch	
☐	☐	Chemiker untersuchen Tiere wie den Fuchs.
☐	☐	Biologen untersuchen Lebensräume wie Wälder und Seen.
☐	☐	Physiker untersuchen Stoffe wie den Schwefel.
☐	☐	Biologen untersuchen Bakterien wie die Darmbakterien.
☐	☐	Chemiker untersuchen den Aufbau von Stoffen.
☐	☐	Biologen untersuchen Gesteine wie Marmor und Kalk.
☐	☐	Physiker untersuchen die Eigenschaften von Licht.
☐	☐	Chemiker untersuchen, woraus Luft besteht.
☐	☐	Physiker untersuchen Nahrungsbeziehungen zwischen Lebewesen.

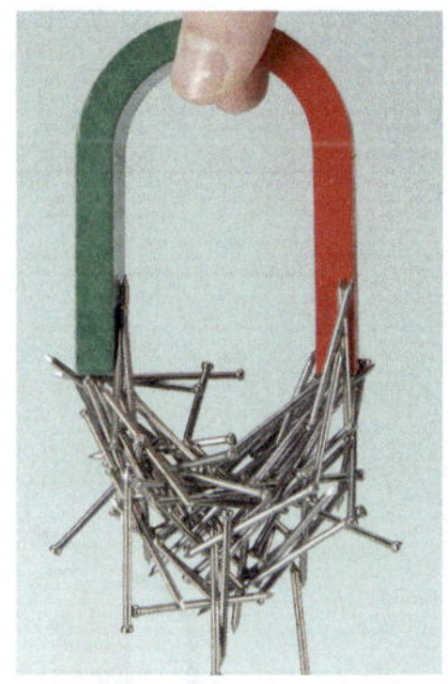

2 Naturwissenschaftler arbeiten vielseitig

Biologen, Chemiker und Physiker führen bei ihrer Arbeit viele verschiedene Tätigkeiten aus.
Kreuze die richtigen Aussagen an:

richtig	falsch	
☐	☐	Physiker zeichnen eine Blüte.
☐	☐	Biologen mikroskopieren eine Wasserprobe.
☐	☐	Chemiker messen die Geschwindigkeit eines Zuges.
☐	☐	Physiker messen Kräfte mit einem Federkraftmesser.
☐	☐	Biologen basteln das Modell einer Zelle.
☐	☐	Chemiker pressen und trocknen Pflanzen für ein Herbarium.
☐	☐	Physiker experimentieren mit Kupfer und Schwefel.
☐	☐	Biologen fotografieren oder filmen Tiere.
☐	☐	Chemiker erhitzen Stoffe mit einem Gasbrenner.

Sicheres Arbeiten im Fachraum

1 Sicheres Arbeiten im Fachraum

a) Benenne die Sicherheitseinrichtungen in der Abbildung.

b) Beschreibe, wo sich die abgebildeten Gegenstände befinden.

c) Kreuze die richtigen Verhaltensweisen im Fachraum an.

Verhalten	falsch	richtig
Trinken zwischendurch ist erlaubt.		
Ich bleibe am Platz sitzen und verlasse den Platz nur, wenn ich etwas holen darf.		
Habe ich ein Problem, stehe ich auf und frage andere Gruppen.		
Essen und Trinken ist nicht erlaubt.		
Wenn ich weiß, welche Materialien ich brauche, kann ich sie schnell holen gehen.		
Chemikalien, Feuer und Geräte dürfen nur verwendet werden, wenn die Lehrkraft es erlaubt.		
Wenn eine Chemikalie ausläuft, wische ich sie so schnell wie möglich auf.		
Defekte Geräte oder verschüttete Chemikalien werden sofort gemeldet.		
Ich rieche nicht direkt am Reagenzglas.		

Ein Versuchsprotokoll erstellen

1 Schritte eines Versuchsprotokolls

Bei dem folgenden Versuchsprotokoll fehlen die Schritte und einiges ist durcheinandergeraten.
Trage die Schritte in das Versuchsprotokoll ein und nummeriere sie in der richtigen Reihenfolge.

Versuchsprotokoll

Name: ____________________ Datum: ____________________

☐ ____________________: Notiere die einzelnen Versuchsschritte.

☐ ____________________: Was wird benötigt?

☐ ____________________: Was ist das Ergebnis deiner Beobachtungen?

☐ ____________________: Gib dem Versuch eine Überschrift.

☐ ____________________: Was kannst du beim Versuch beobachten?

☐ ____________________: Was musst du zu deinem Schutz beachten?

☐ ____________________: Welches Ergebnis könnte rauskommen?

☐ ____________________: Beschreibe den Versuchsaufbau.

2 Vorteile eines Versuchsprotokolls

Ein Naturwissenschaftler legt zu jedem Versuch ein Versuchsprotokoll an. Das machen wir auch in der Schule. Erkläre, warum das sinnvoll ist.

3 Beobachtung und Auswertung

Beim Protokollieren werden die Beobachtung und die Auswertung oft verwechselt. Erkläre den Unterschied und warum es sinnvoll ist, beides zu notieren.

Wärmequellen

1 Arbeiten mit dem Gasbrenner

Wenn du mit dem Gasbrenner arbeitest, musst du Sicherheitsmaßnahmen beachten. Nenne die wichtigsten Maßnahmen mithilfe der Stichwörter.

standsicher • feuerfeste Unterlage

Gasschlauch anschließen • Standsicherheit

Gas- und Luftzufuhr • schließen

Schutzbrille • Haare

2 Der Teelichtbrenner

Mit einem Teelicht kann man keine Nudeln kochen. Erkläre, warum das so ist.

3 Wärmequellen

Nenne weitere Wärmequellen, die man im naturwissenschaftlichen Unterricht nutzen kann.

1 Messgeräte

Benenne die abgebildeten Messgeräte und verbinde sie mit der richtigen Messgröße.

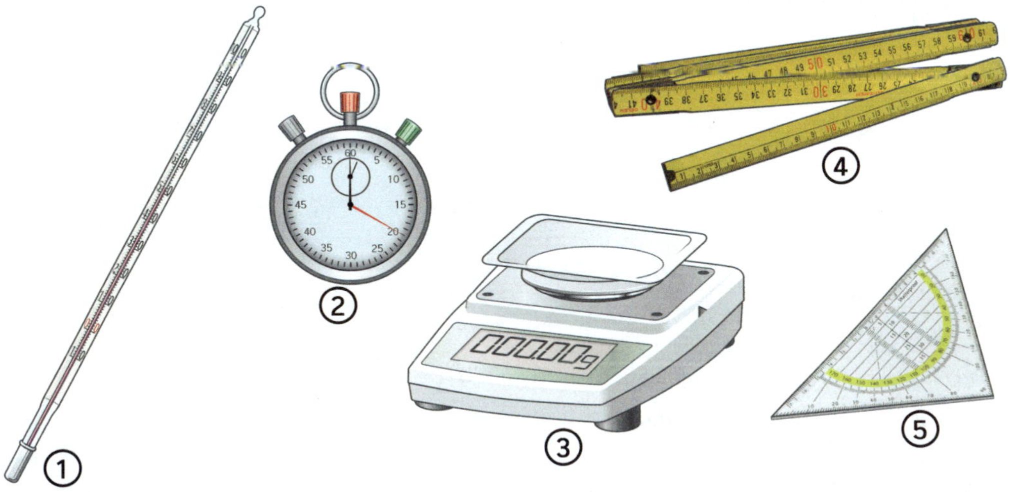

1)	o	o	*Zentimeter, Millimeter*
2)	o	o	*Grad Celsius*
3)	o	o	*Meter, Zentimeter*
4)	o	o	*Sekunde*
5)	o	o	*Gramm*

2 Messgrößen

Beschreibe Vorteile einer weltweit einheitlichen Benennung von Messgrößen.

Stoff und Gegenstand

1 Gleiche Körper, verschiedene Stoffe

Ergänze die Tabelle mit den Stoffen, aus denen die Körper bestehen können.

Körper	... aus welchen Stoffen?
 Teller	a) ____ b) ____ c) ____
 Getränkeflasche mit Schraubverschluss	a) ____ b) ____ c) ____
Eigenes Beispiel mit Zeichnung:	a) ____ b) ____ c) ____

2 Verschiedene Körper, gleiche Stoffe

Ergänze die Tabelle mit den Stoffen, aus denen die Körper bestehen.

Alle diese Körper	sind aus ...
a) Heißwasserleitungen im Haus **b)** Elektrokabel **c)** Oberfläche der Centmünze **d)** Dachrinnen	____
a) Cola-Dose **b)** Metallfolie in der Küche **c)** Felgen am Fahrrad **d)** Flugzeugverkleidungen	____
Eigene Beispiele: **a)** ____ **b)** ____ **c)** ____	____

Einen Stoffsteckbrief erstellen

1 Stoffsteckbrief von Zucker und Silber

Ergänze die Stoffsteckbriefe von Zucker und Silber. Recherchiere die fehlenden Daten im Internet.

Zucker

Farbe:

Aggregatzustand bei Raumtemperatur:

Schmelztemperatur:

Siedetemperatur:

Härte:

Elektrische Leitfähigkeit:

Magnetische Eigenschaft:

Dichte:

Löslichkeit in Wasser:

Verhalten beim Erhitzen:

Silber

Farbe:

Aggregatzustand bei Raumtemperatur:

Schmelztemperatur:

Siedetemperatur:

Härte:

Elektrische Leitfähigkeit:

Magnetische Eigenschaft:

Dichte:

Löslichkeit in Wasser:

Verhalten beim Erhitzen:

1 Fest, flüssig, gasförmig

Benenne die Aggregatzustände und ihre Übergänge.

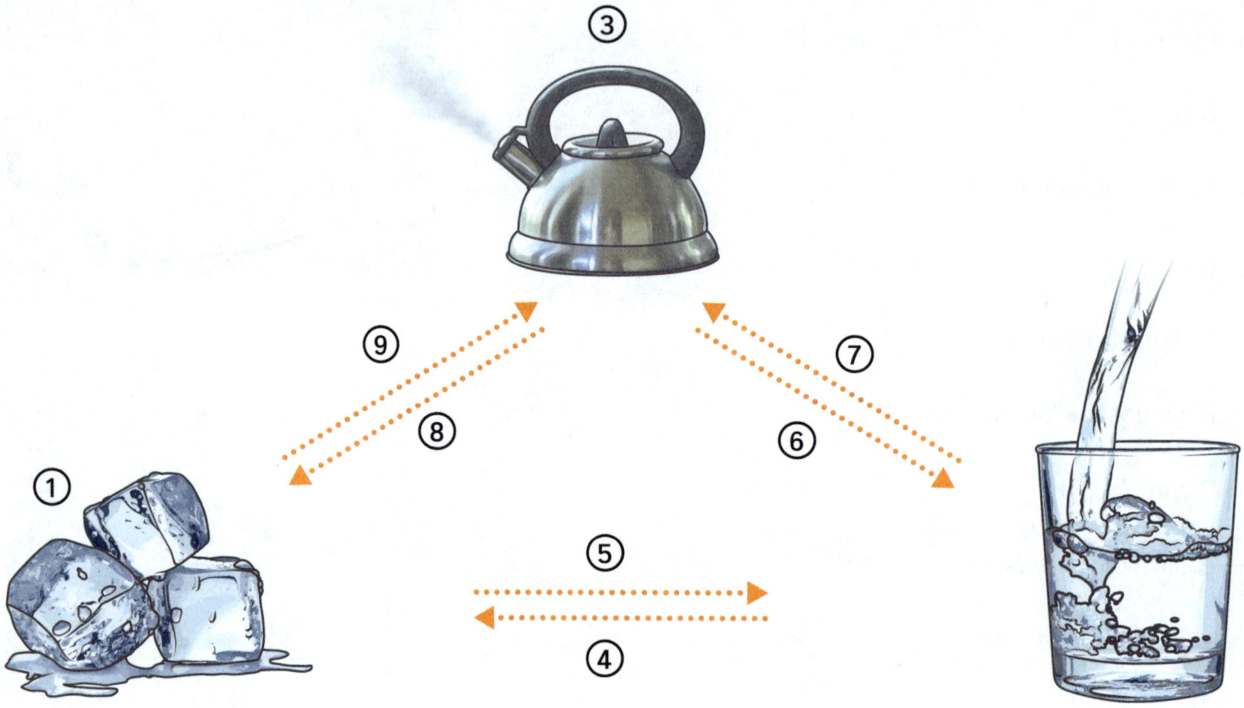

1) ______________________

2) ______________________

3) ______________________

4) ______________________

5) ______________________

6) ______________________

7) ______________________

8) ______________________

9) ______________________

Aggregatzustände im Teilchenmodell

1 Teilchenmodell

a) Verbinde die Aggregatzustände mit dem passenden Teilchenmodell.

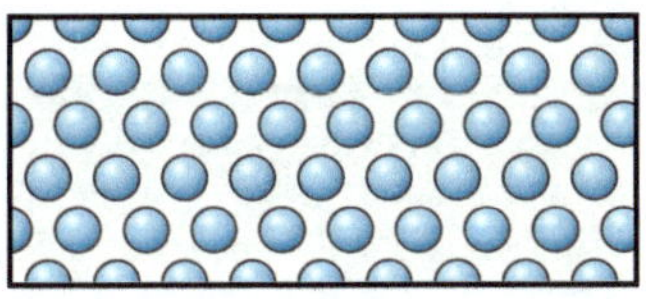

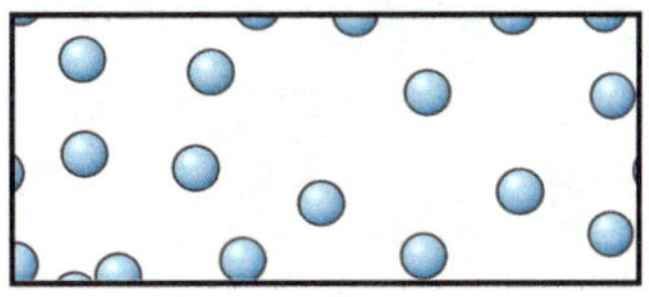

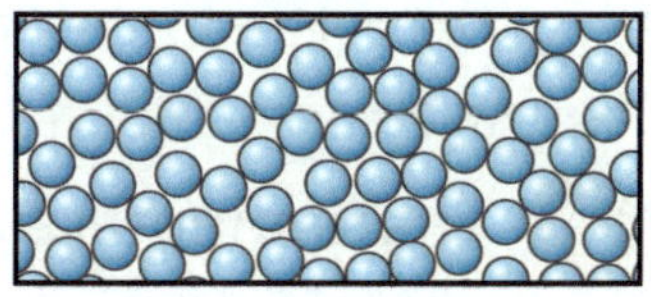

b) Beschreibe die Übergänge der Aggregatzustände im Teilchenmodell.

Temperaturen messen

1 Das Flüssigkeitsthermometer

Beschrifte die Bestandteile des Flüssigkeitsthermometers.

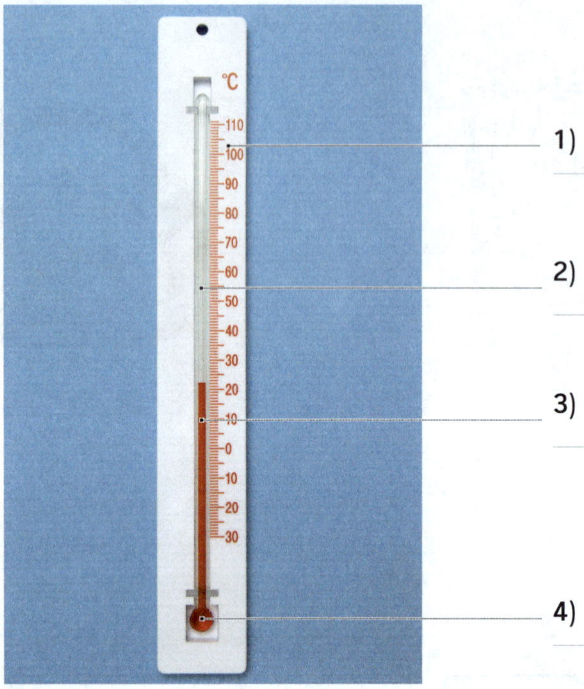

2 Thermometerskalen

Neben der Celsius–Skala gibt es weitere Temperaturskalen. Der englische Physiker William Thomson, später Lord Kelvin, wollte eine Temperaturskala entwickeln, die nur einen Fixpunkt hat. Durch Berechnungen fand er heraus, dass es eine Temperatur gibt, die nicht unterschritten werden kann: den absoluten Nullpunkt. Diesen legte er als einzigen Fixpunkt seiner Kelvin-Skala (K) fest.

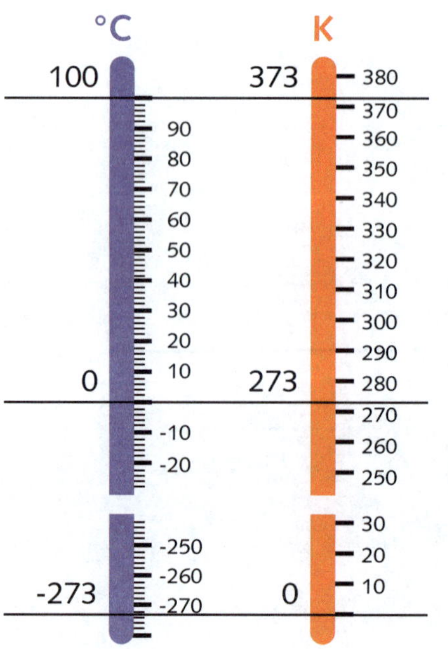

Salzentstehung und Salzgewinnung

1 Salzentstehung

Beschreibe mithilfe der Bilder und des Textes die Entstehung von Steinsalz.

Bild 1: Vor vielen Millionen Jahren waren große Teile der Welt von Wasser bedeckt. Durch Aufwölbungen entstanden vom Meer getrennte Becken. Durch die hohen Temperaturen verdunstete das Wasser und das Salz blieb zurück. Durch Überflutung der Becken und anschließendes Verdunsten wuchsen die Salzlager an.

Bild 2: Im Laufe der Zeit bedeckten Sandschichten die Salzlager, sodass sie sich nicht mehr lösen konnten.

Bild 3: Nach mehreren Millionen Jahren ist die Salzschicht weiter abgesunken und Gesteinsschichten haben sich über der Sandschicht gebildet.

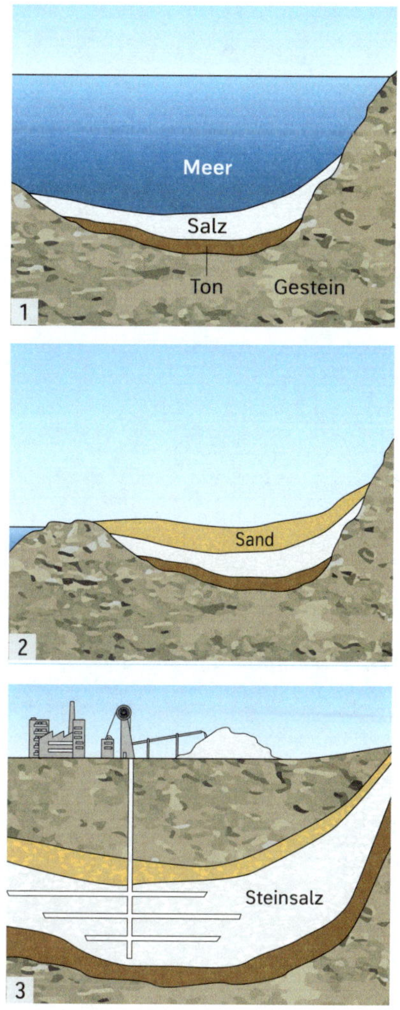

2 Gewinnung von Kochsalz

Bringe die Schritte zur Gewinnung von Kochsalz aus Steinsalz in die richtige Reihenfolge.

- ◯ Sedimentieren eines Salz-Sand-Stein-Wassergemisches
- ◯ Herstellung eines Salz-Sand-Stein-Wassergemisches
- ◯ Eindampfen der Salzlösung
- ◯ Steinsalz wird zerkleinert
- ◯ Filtrieren eines Salz-Sand-Wassergemisches
- ◯ Kochsalz wird durch Eindampfen gewonnen

1 Bau eines Mikroskops und Mikroskopiergeräte

a) Beschrifte das Mikroskop mit den passenden Fachbegriffen.

1) ______________________ 6) ______________________

2) ______________________ 7) ______________________

3) ______________________ 8) ______________________

4) ______________________ 9) ______________________

5) ______________________ 10) ______________________

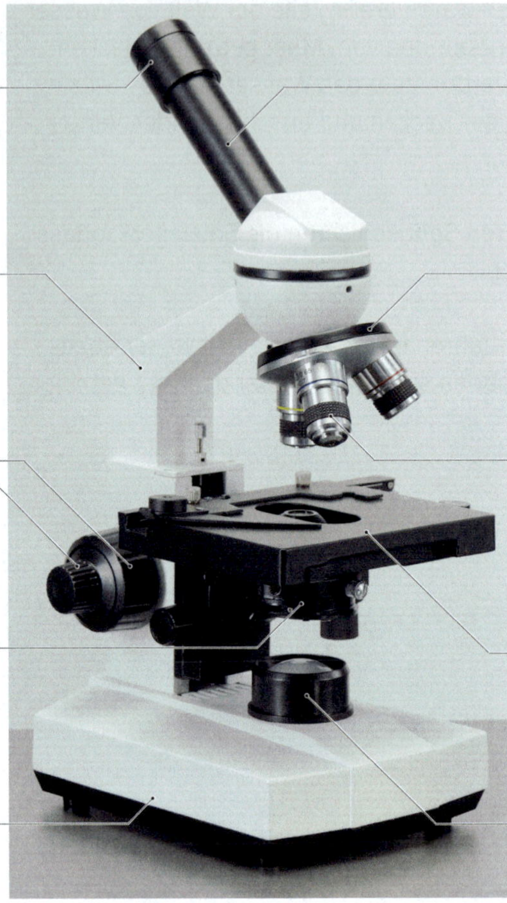

b) Benenne die gezeichneten Geräte, die man zum Herstellen eines Präparates benötigt.

① ______________________

② ______________________

③ ______________________

④ ______________________

⑤ ______________________

⑥ ______________________

⑦ ______________________

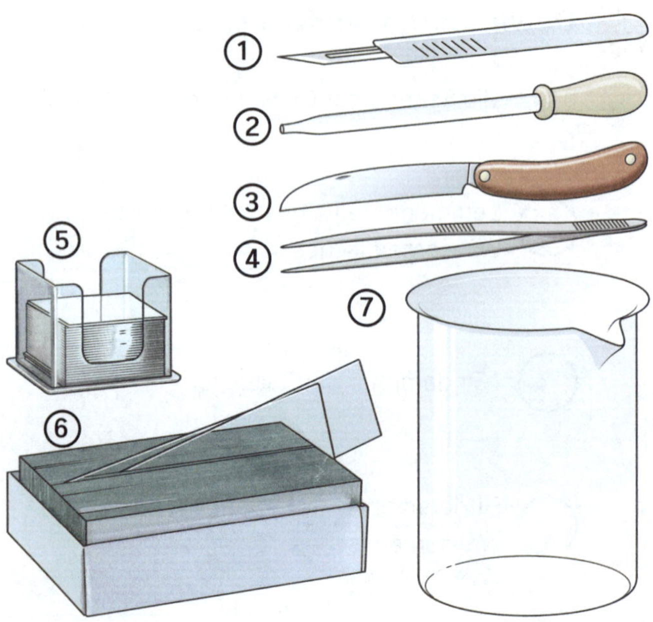

Ein Präparat herstellen

1 Präparieren einer Zwiebelzelle

a) Notiere die wesentlichen Schritte, um ein Präparat der Zwiebelzelle herzustellen.

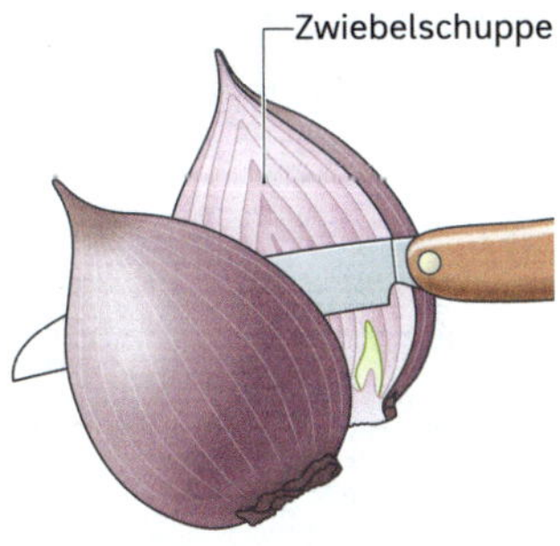	

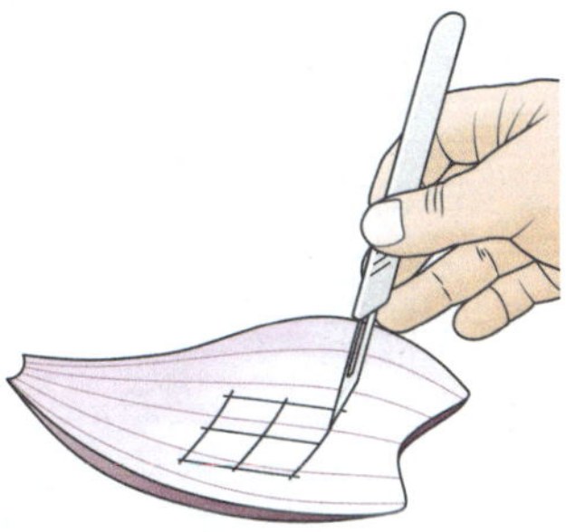	
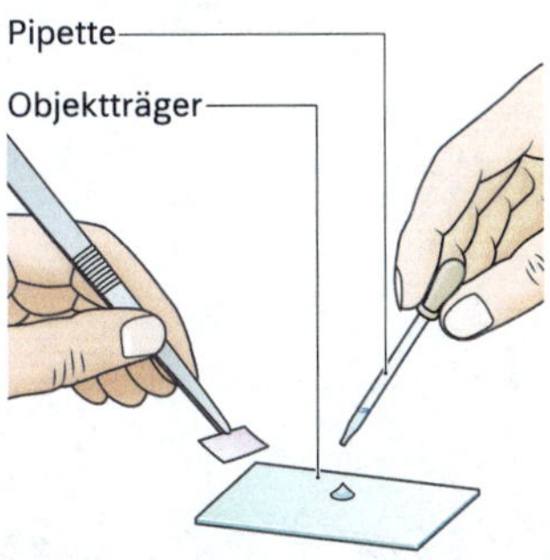	
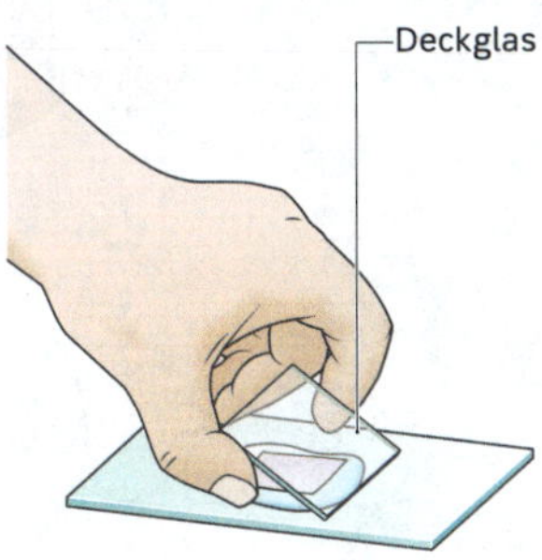	

Tier- und Pflanzenzelle im Vergleich

1 Tier- und Pflanzenzelle

Ergänze die Tabelle zum Vergleich von Tier- und Pflanzenzelle.

Vergleichspunkte	Tierzelle	Pflanzenzelle
Abbildung	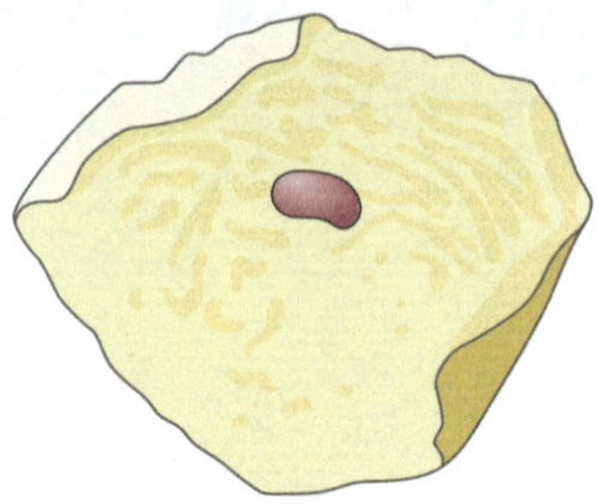 Mundschleimhautzelle	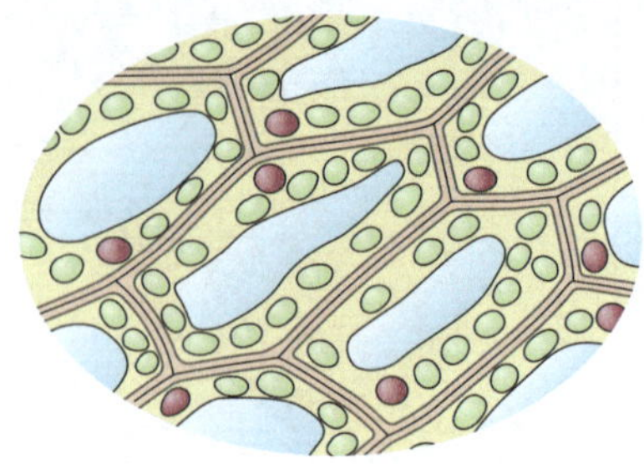 Blattzelle
Gemeinsamkeiten		
Chloroplasten		
Zellwand		
Vakuole		
Ernährung durch...		

2 Zellen des Menschen

Im Körper des Menschen gibt es viele verschiedene Zelltypen.
Ordne den vier abgebildeten Zellen des Menschen die richtige Bezeichnung zu:
Eizelle, rotes Blutkörperchen, Mundschleimhautzelle, Nervenzelle

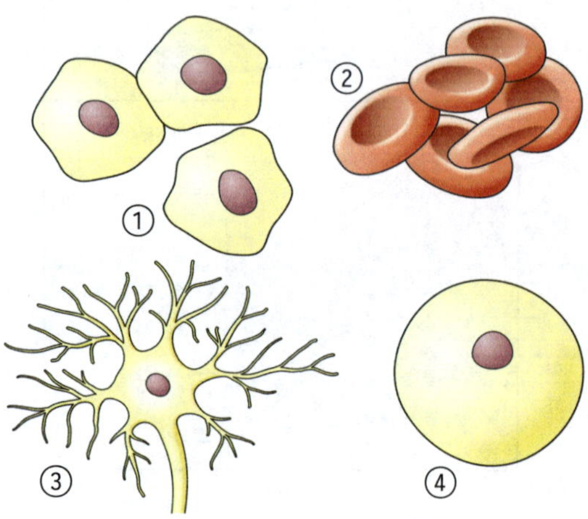

1 Organisationsstufen des Menschen

a) Benenne die Organisationsstufen des Menschen.

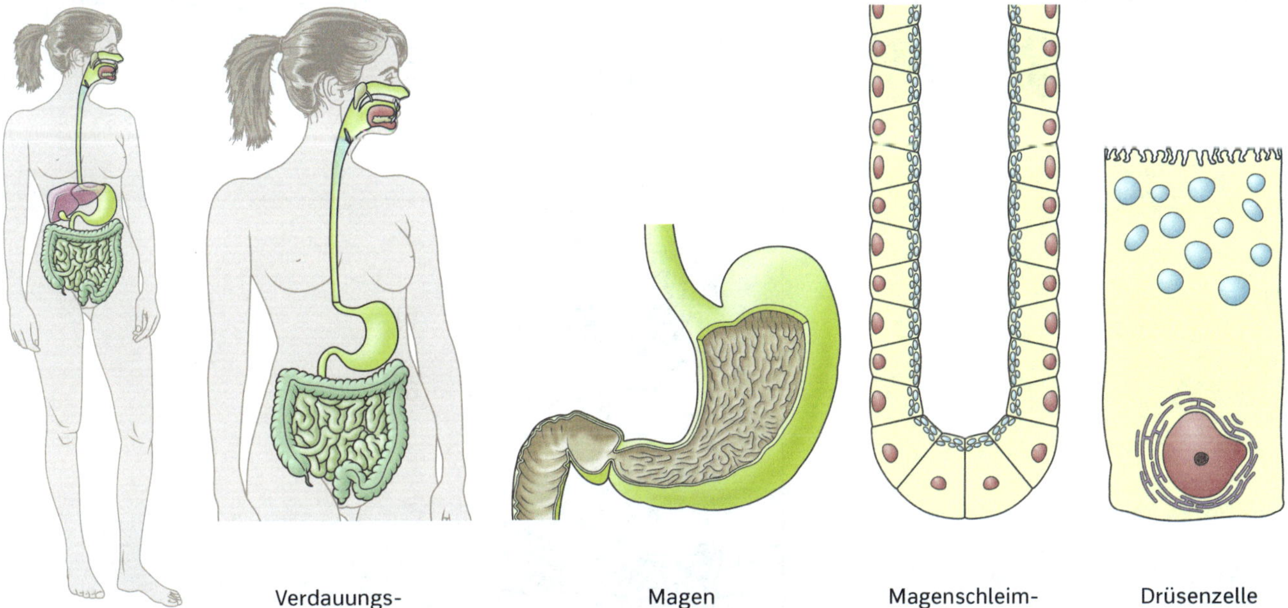

Mensch — Verdauungs-system — Magen — Magenschleim-haut — Drüsenzelle

b) Erkläre die Begriffe Gewebe, Organ und Organsystem.

1 Bau einer Blütenpflanze

Die Abbildung zeigt den Bau einer Blütenpflanze. Beschrifte ihn mit den passenden Fachbegriffen.

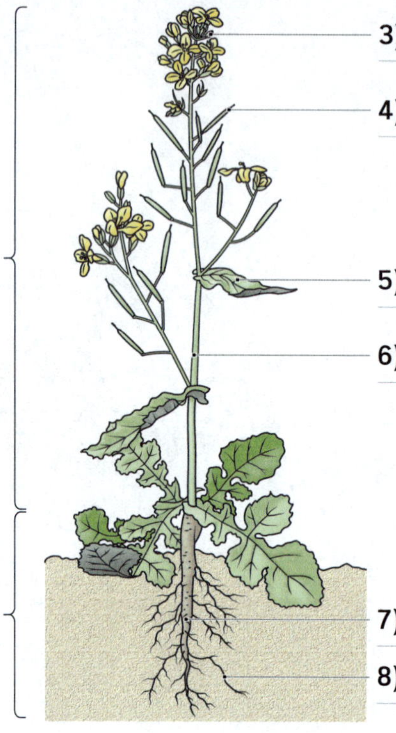

2 Funktionen der Pflanzenteile

Ergänze die Tabelle.

Pflanzenteil	Aufgaben
Blüte	
Blatt	
Sprossachse	
Wurzel	

1 Bau einer Kirschblüte

Benenne die gekennzeichneten Blütenteile.

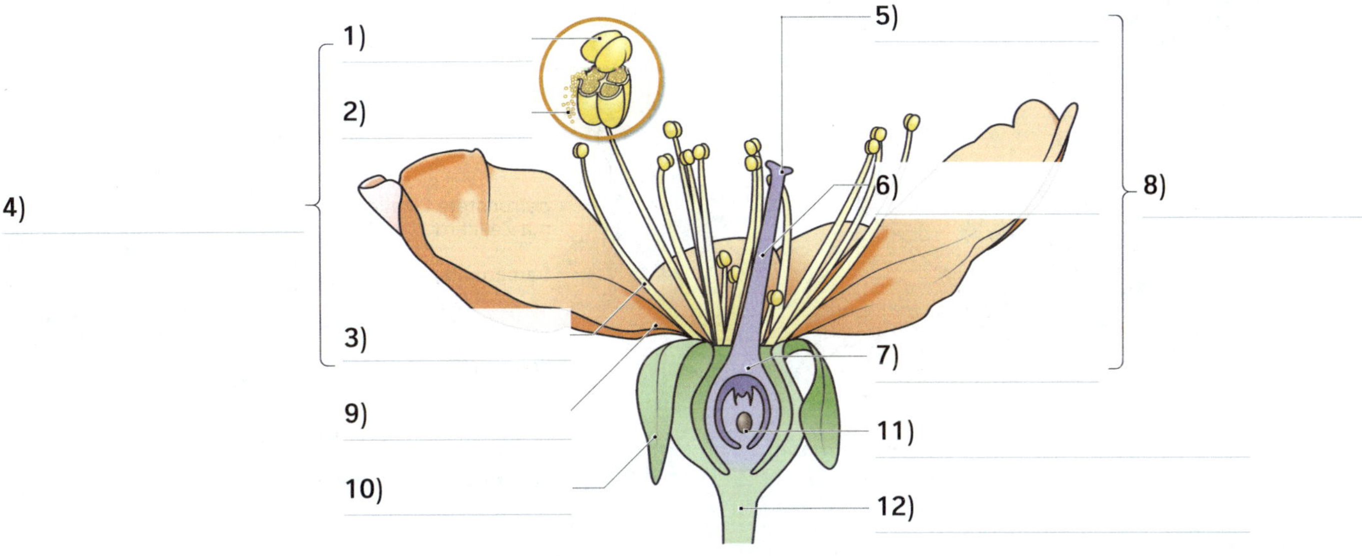

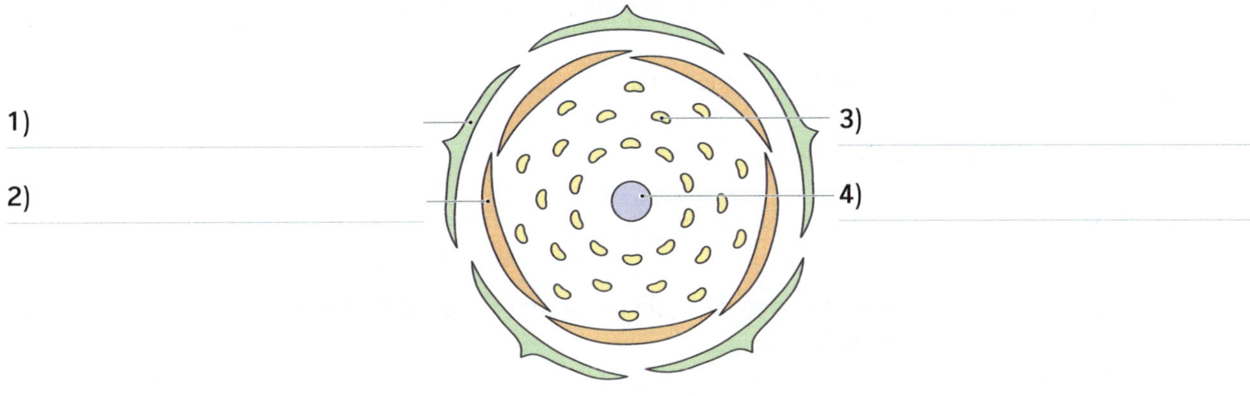

2 Bestäubung einer Kirsche

Beschreibe die Bestäubung bei der Kirsche mithilfe von Fachbegriffen.

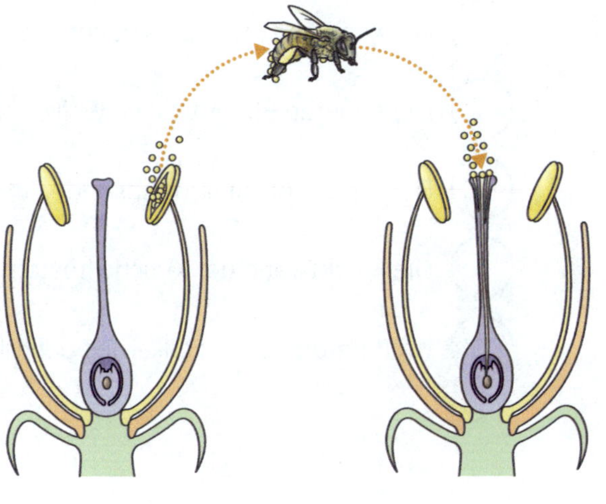

Von der Kirschblüte zur Kirschfrucht

1 Befruchtung und Fruchtentwicklung

Schau dir die Abbildungen genau an. Ordne dann die richtige Abbildungsnummer den unten stehenden Aussagen zu. Schreibe dazu die Zahl in den Kreis.

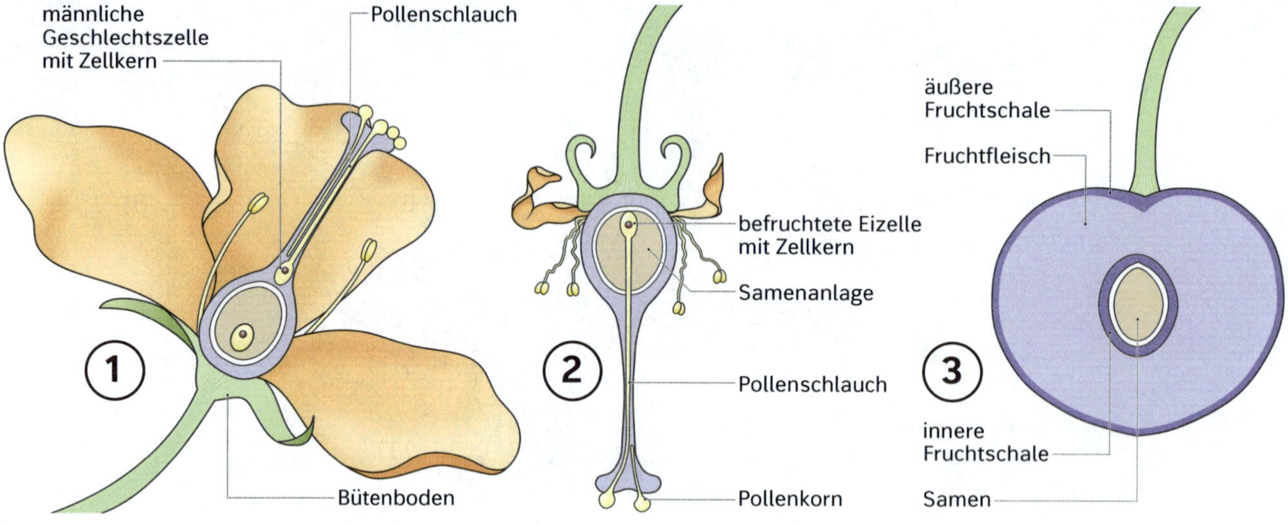

- ◯ Diese Abbildung zeigt die Kirschblüte kurz nach der Bestäubung.
- ◯ Hier sieht man die entwickelte Frucht der Kirsche.
- ◯ Diese Abbildung zeigt eine Steinfrucht.
- ◯ Man sieht das Wachstum des Pollenschlauches.
- ◯ Aus dem Fruchtknoten hat sich die Fruchtwand mit der äußeren Fruchtschale, dem Fruchtfleisch und der inneren Fruchtschale entwickelt.
- ◯ Hier erkennt man die Befruchtung.
- ◯ Diese Abbildung zeigt die bestäubte Zwitterblüte der Kirsche.
- ◯ Der Zellkern aus dem Pollenschlauch verschmilzt mit dem Zellkern der Eizelle.
- ◯ Die Kirsche ist eine Lockfrucht, sie ändert ihre Farbe von grün nach rot.
- ◯ Die äußeren Blütenteile verwelken und fallen schließlich ab.
- ◯ Der am schnellsten wachsende Pollenschlauch dringt in den Fruchtknoten ein.
- ◯ Die Fruchtwand der Kirsche besteht aus drei Schichten.
- ◯ Im Inneren des Kirschkernes befindet sich der Samen.

Laub- und Nadelbaum

1 Laub- und Nadelbaum im Vergleich

Ergänze die Tabelle.

	Eiche	Kiefer
Beispielart		
Laub- oder Nadelbaum		
Gemeinsamkeiten		
Blätter		
Laubwurf		
Samenverbreitung		

1 Das Blatt ist Ort der Fotosynthese

Die Abbildung zeigt die Fotosynthese im Blatt.

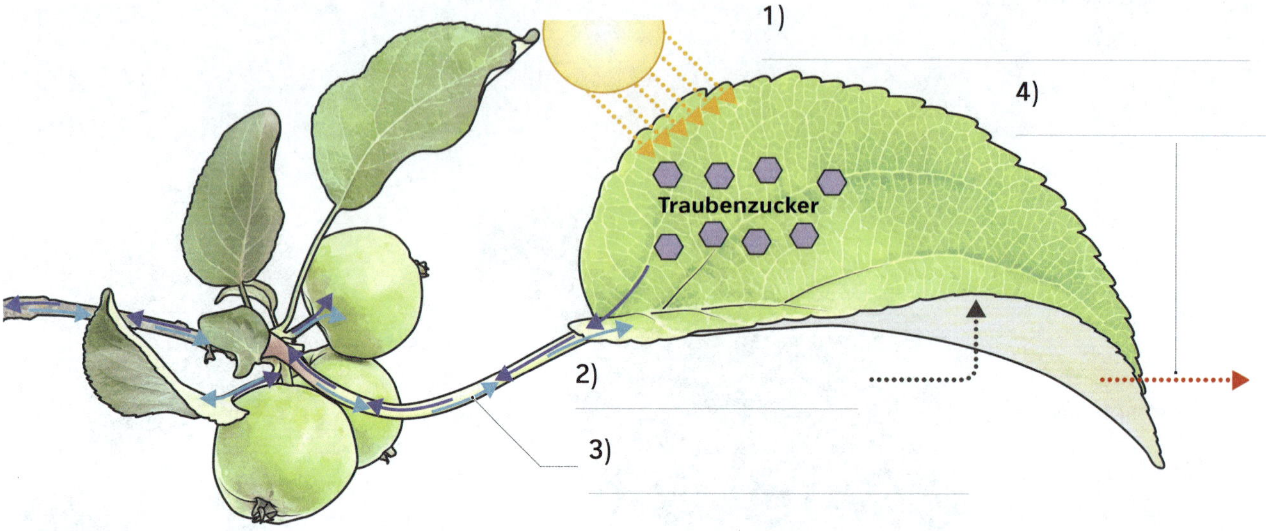

a) Ergänze in der Abbildung die passenden Fachbegriffe zur Fotosynthese.

b) Gib die Ausgangsstoffe der Fotosynthese an.

____

c) Benenne die Produkte der Fotosynthese.

____

d) Nenne zwei Bedingungen für die Fotosynthese.

____

2 Bedeutung der Fotosynthese

Erläutere den Zusammenhang zwischen Produzenten und Konsumenten. Fülle dazu den Lückentext aus.

Pflanzen erzeugen ______________ und ______________. Sie werden deshalb ______________ genannt. Menschen und Tiere müssen ______________ und ______________ aufnehmen. Sie zählen zu den ______________.

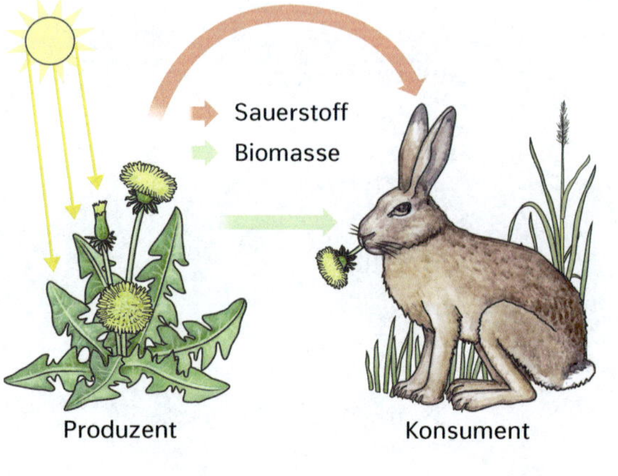

Hund und Katze im Vergleich

1 Hund und Katze sind beliebte Heimtiere

Ergänze die Tabelle. Recherchiere fehlende Informationen im Schulbuch und im Internet.

		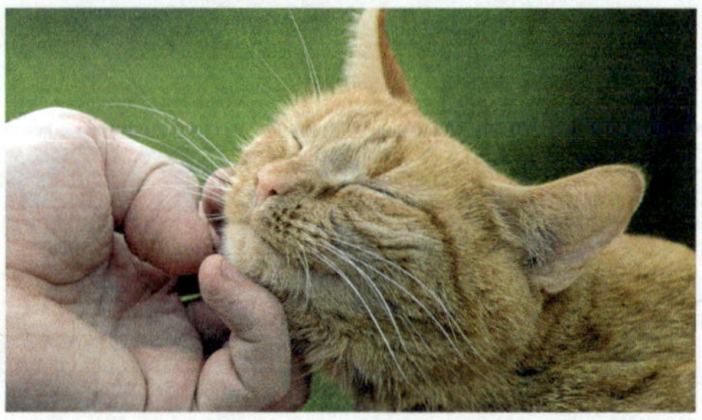
Gemeinsamkeiten		
Lebensweise		
Jagdweise		
Sinne		
Körperbau		
Krallen		

1 Körperbau des Rindes

a) Benenne die gekennzeichneten Teile des Rindes. Trage ihre jeweilige Funktion in die Tabelle ein.

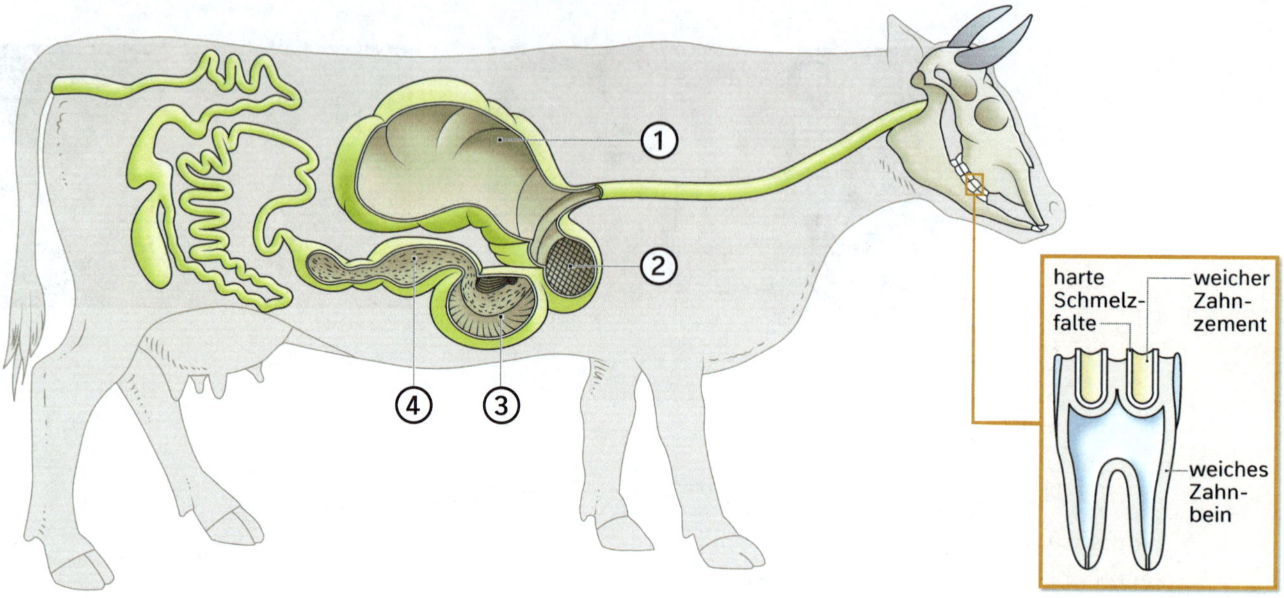

Bestandteil	Funktion
1) ______	
2) ______	
3) ______	
4) ______	

b) Begründe mithilfe der Grafik, warum die Backenzähne der Rinder immer scharfkantig bleiben.

Gebisse von Säugetieren

1 Gebisse von Säugetieren

a) Die Abbildungen zeigen sechs verschiedene Gebisse. Ordne den Gebissen die richtige Tierart zu *(Wildschwein, Hund, Eichhörnchen, Rind, Maulwuf, Katze)* und nenne den jeweiligen Gebisstyp.

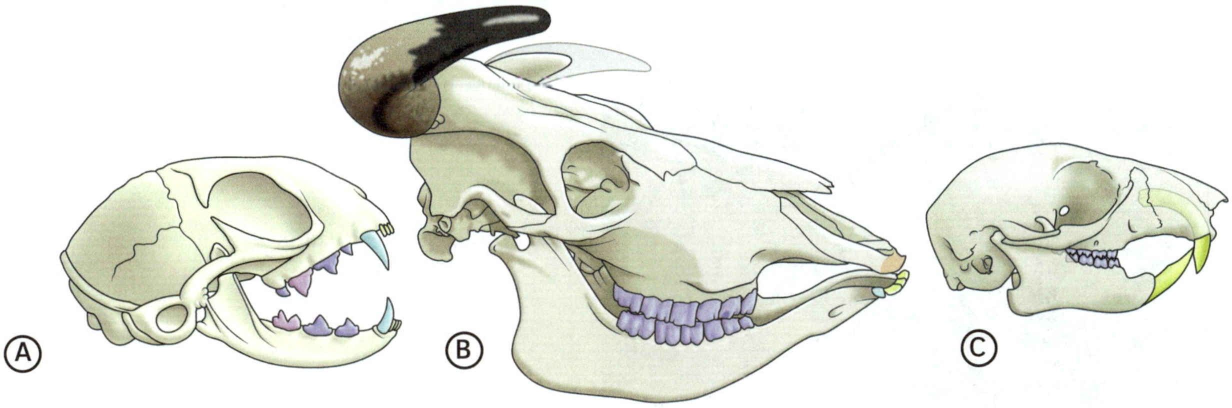

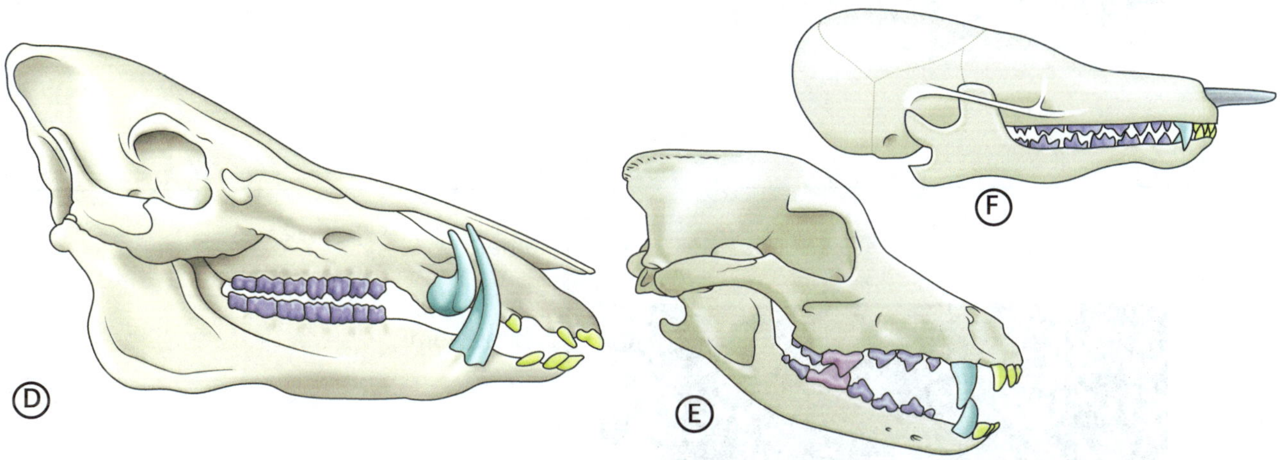

b) Erläutere am Gebiss B den Zusammenhang zwischen Struktur und Funktion.

1 Heimische Säugetiere

Ergänze die Steckbriefe zu den ausgewählten Säugetieren. Nutze das Schulbuch und das Internet.

Name: ______

Lebensraum: ______

______

Gebisstyp und Nahrung:

______

______

______

Lebensweise:

______

______

______

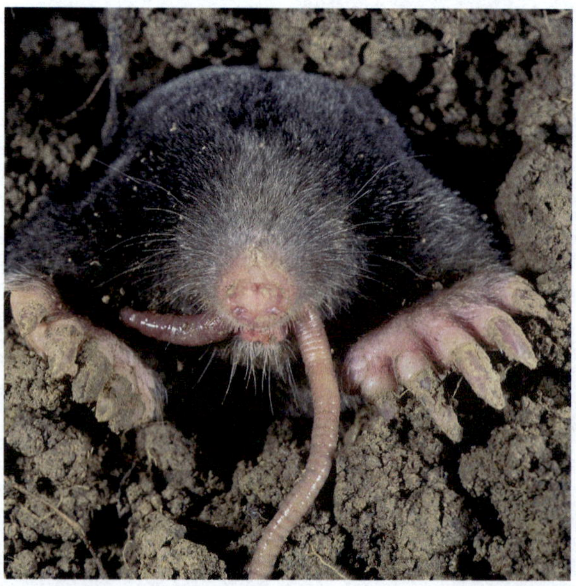

Name: ______

Lebensraum: ______

______

Gebisstyp und Nahrung:

______

______

______

Lebensweise:

______

______

______

Die Kohlmeise ist ein Vogel

1 Steckbrief einer Kohlmeise

Ergänze den Steckbrief der Kohlmeise. Recherchiere fehlende Daten im Schulbuch und im Internet.

Größe: ______

Lebensraum: ______

______

Nahrung: ______

______

Wirbeltierklasse: ______

2 Skelett einer Kohlmeise

Benenne die gekennzeichneten Teile des Skeletts eines Vogels.

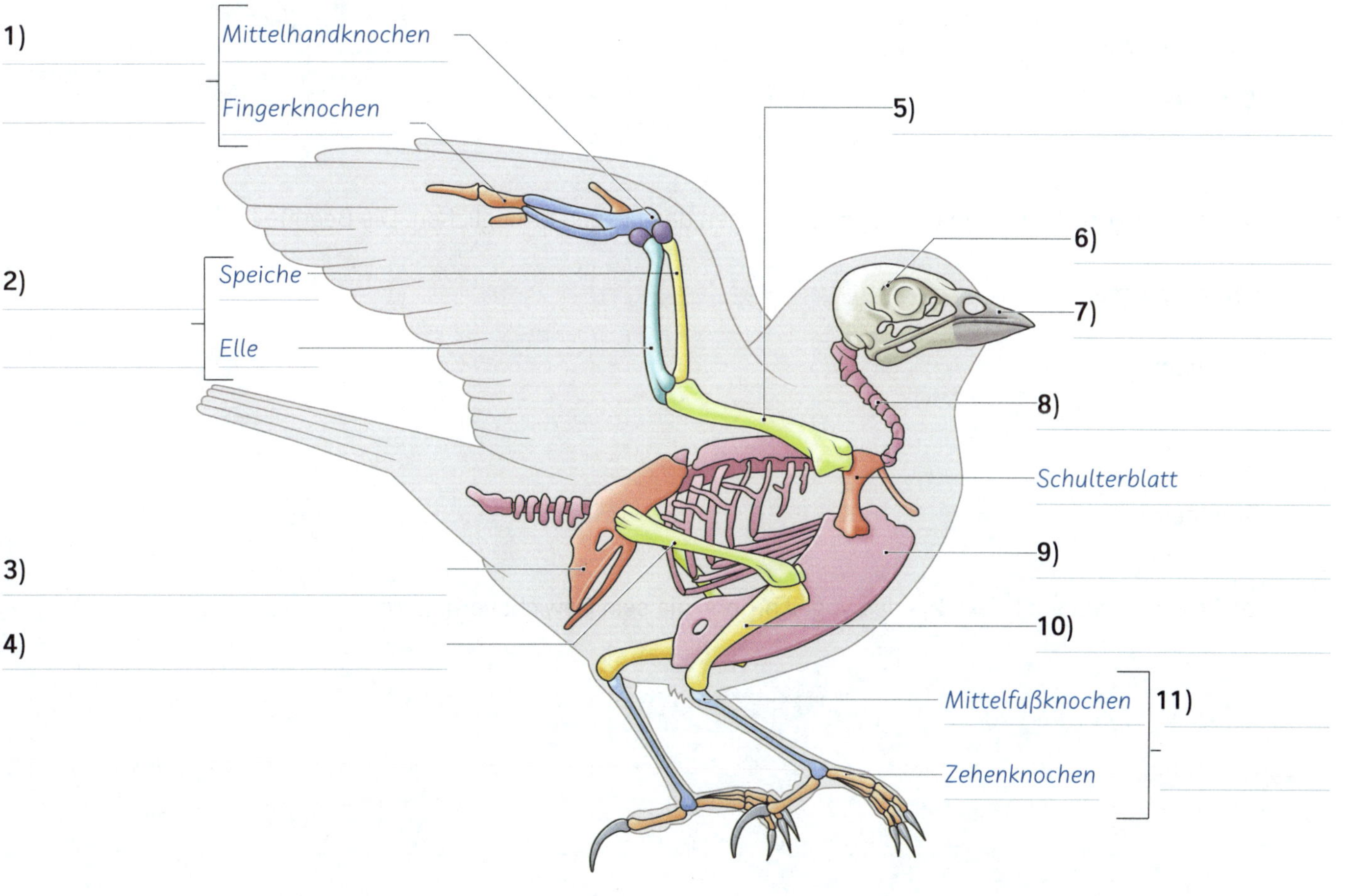

1 Leichtbauweise von Vögeln

Die Abbildung zeigt Merkmale der Leichtbauweise von Vögeln.

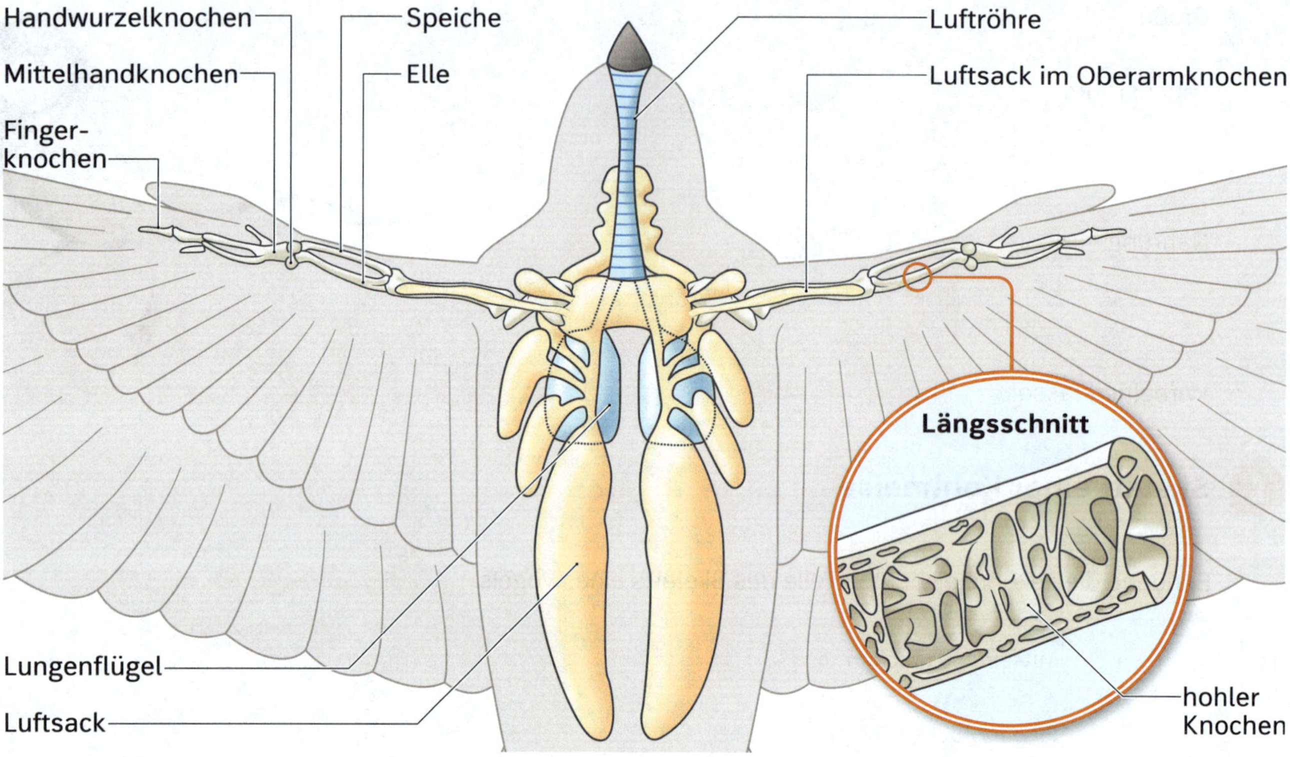

a) Erläutere drei Merkmale von Vögeln, die ihnen das Fliegen ermöglichen. Die Begriffe helfen dir.

Vordergliedmaßen:

Knochen:

Brustbein:

b) Erläutere weitere Merkmale des Vogelkörpers, die sein Gewicht verringern.

Fortpflanzung von Vögeln

1 Fortpflanzung beim Huhn

a) Finde für alle vier Abbildungen eine passende Bildunterschrift und ergänze diese.

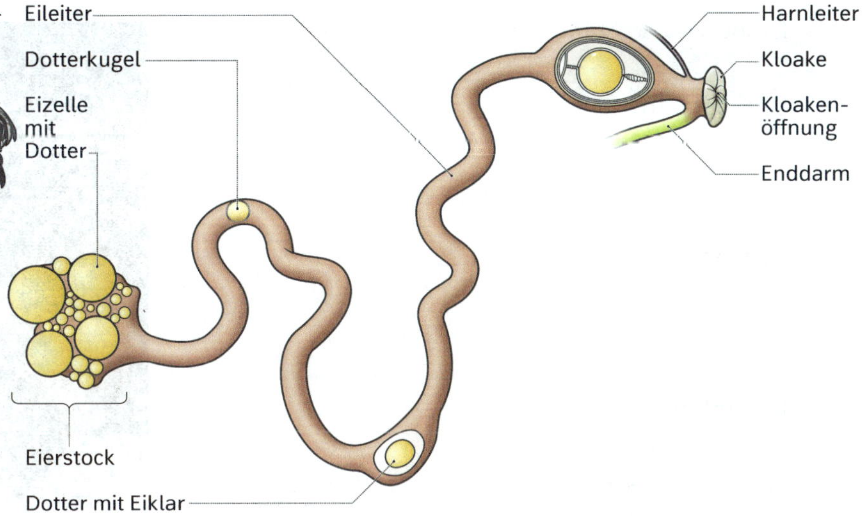

1) ______________________

2) ______________________

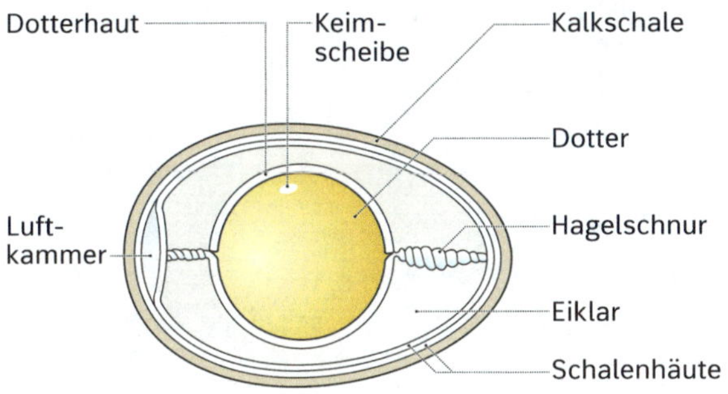

3) ______________________

4) ______________________

b) Kreuze an, ob die Aussagen richtig oder falsch sind.

richtig	falsch	
☐	☐	Alle Vögel pflanzen sich geschlechtlich fort und haben eine innere Befruchtung.
☐	☐	Die Kloake ist ein Ausscheidungsorgan und ein Geschlechtsorgan gleichzeitig.
☐	☐	Die Kloake ist nur ein Geschlechtsorgan.
☐	☐	Alle Vögel legen Eier mit einer Kalkschale.
☐	☐	Nach der Begattung muss eine Spermienzelle auf eine Eizelle stoßen und mit dieser verschmelzen. Das nennt man Befruchtung. Der Vorgang passiert in der Kloake.
☐	☐	Nach der Begattung muss eine Spermienzelle auf eine Eizelle stoßen und mit dieser verschmelzen. Das nennt man Befruchtung. Der Vorgang passiert im Eileiter.
☐	☐	Aus einer befruchteten Eizelle wird die flache Keimscheibe.
☐	☐	Aus einer befruchteten Eizelle entstehen Dotter und Eiklar.

1 Steckbrief der Bachforelle

Ergänze den Steckbrief der Bachforelle. Recherchiere fehlende Daten im Schulbuch und im Internet.

Größe: ______

Lebensraum: ______

______

Nahrung: ______

______

Körperform: ______

Wirbeltierklasse: ______

2 Körperbau einer Bachforelle

Beschrifte den Körperbau der Bachforelle.

1) *Fettflosse*

2) ______

3) ______

4) ______

5) ______

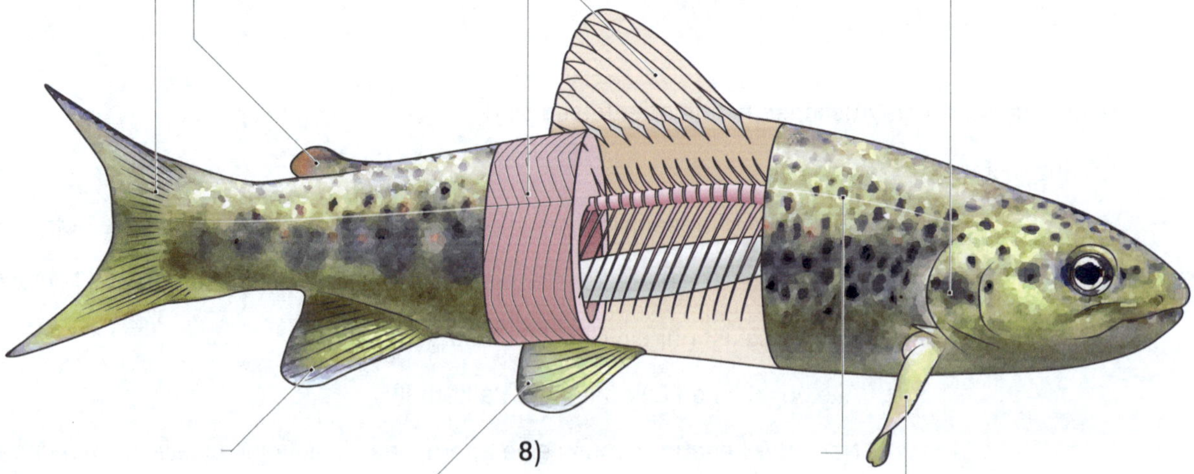

6) ______

7) ______

8) ______

9) ______

Fische atmen mit Kiemen

1 Atmung bei Fischen

Die Abbildungen zeigen die Kiemenatmung bei Fischen. Ergänze mit ihrer Hilfe den Lückentext.

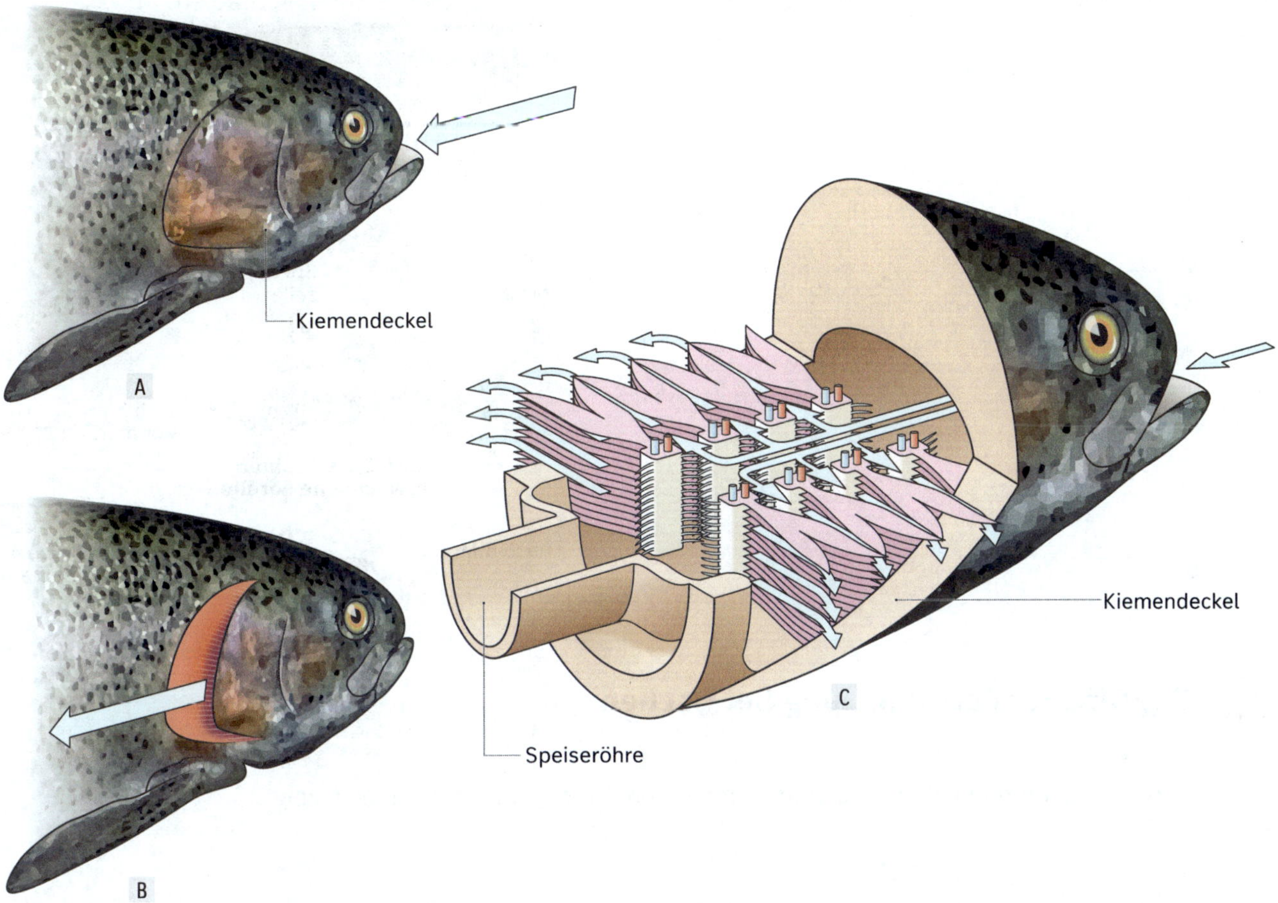

Fische können im __________ atmen. Ihre Atmungsorgane heißen __________

Beim Einatmen öffnet die Bachforelle das __________. Sie saugt bei geschlossenem __________ Wasser in ihre Mundhöhle ein (Abbildung A). Das Wasser strömt an den hauchdünnen, stark durchbluteten __________ vorbei. Hier wird der __________ aus dem Wasser in die Blutgefäße aufgenommen. Das nun sauerstoffreiche __________ wird im ganzen Körper verteilt. Beim Ausatmen wird das Kohlenstoffdioxid aus dem __________ über die Kiemenblättchen ins Wasser abgegeben. Beim Ausatmen schließt die Forelle das __________ und presst das Wasser durch die geöffneten __________ nach außen (Abbildung B). Abbildung C zeigt den Bau der Kiemen. Die Kiemen bestehen auf jeder Seite aus __________ knöchernen Kiemenbögen. Hier sind die Kiemenblättchen befestigt. Sie liegen direkt übereinander und bilden eine __________.

Fortpflanzung und Entwicklung bei Fischen

1 Entwicklung einer Bachforelle

Die Abbildung zeigt die Entwicklung der Forelle. Benenne die gekennzeichneten Stadien.

1) ______________________

2) ______________________

3) ______________________

4) ______________________

5) ______________________

6) ______________________

7) ______________________

8) ______________________

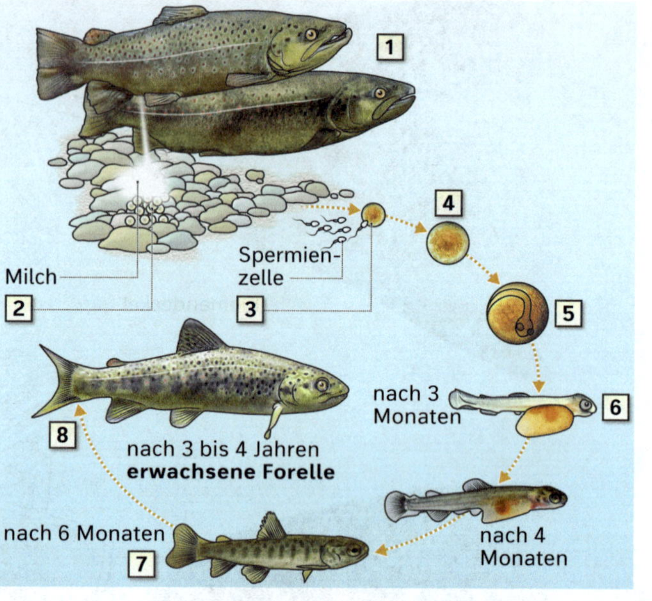

2 Begriffe zur Fortpflanzung bei Fischen

Verbinde zusammengehörende Begriffe mit einem Strich, wie im Beispiel gezeigt.

Laich	befruchtete Eizelle
Zygote	Entwicklungsstadium eines Fisches
äußere Befruchtung	unbefruchtete Fischeier
geschlechtliche Fortpflanzung	Weibchen und Männchen treffen sich
Larve	Befruchtung außerhalb des Körpers
Paarung	Fortpflanzung durch Geschlechtszellen
Spermienzelle	weibliche Geschlechtszelle
Eizelle	männliche Geschlechtszelle

Rund um die Fische – ein Rätsel

1 Wörter suchen

In diesem Rätsel haben sich sechs Fischarten und zehn weitere Begriffe zu Fischen versteckt. Finde alle Begriffe. Sie können waagerecht, senkrecht, vorwärts und rückwärts und sogar diagonal im Rätsel stehen. Suche zuerst die Artnamen der Fische und ordne sie der richtigen Abbildung zu. Notiere dann die anderen Begriffe. (ae = ä)

Z	A	A	L	H	C	L	I	M
U	X	K	A	R	P	F	E	N
E	M	E	I	K	S	R	N	G
S	B	S	C	W	H	S	E	R
S	A	E	H	E	C	H	T	A
O	C	E	R	L	I	C	Z	E
L	H	I	O	S	E	A	L	T
F	N	A	S	T	T	L	M	E
G	S	C	H	U	P	P	E	N

1) ______

2) *Hering*

3) ______

4) ______

5) ______

6) ______

weitere Begriffe:

______

______

Die Wirbeltiere im Überblick

1 Wirbeltiere im Vergleich

Vervollständige die Tabelle zu den einzelnen Wirbeltierklassen.

Klasse der Wirbeltiere		
Beispiel		
Atmung	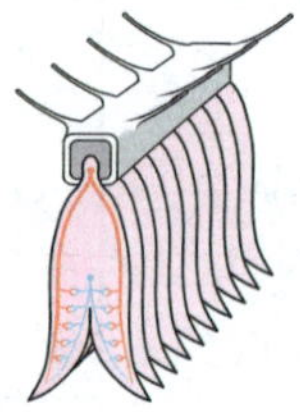	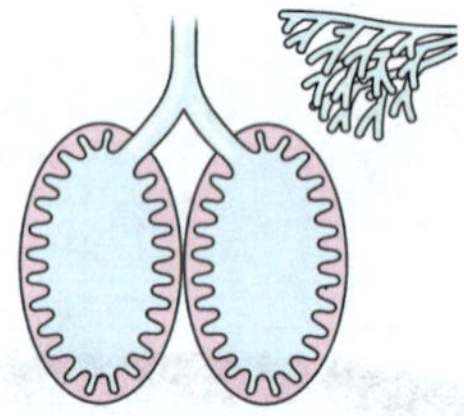
Körperbedeckung	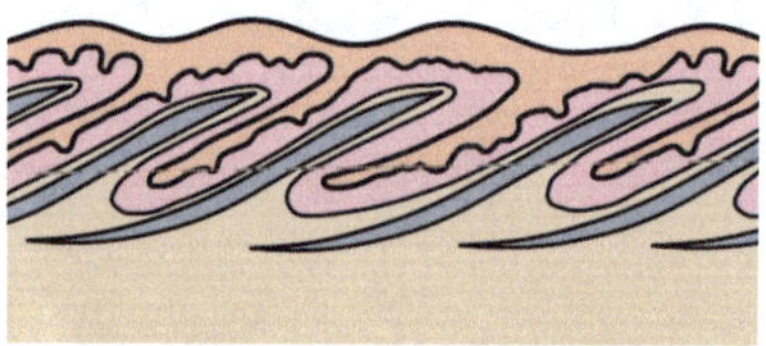	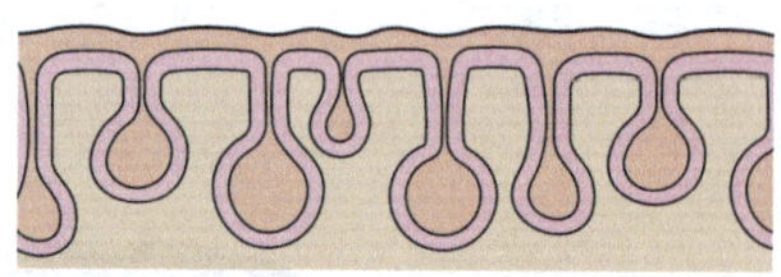
Körpertemperatur	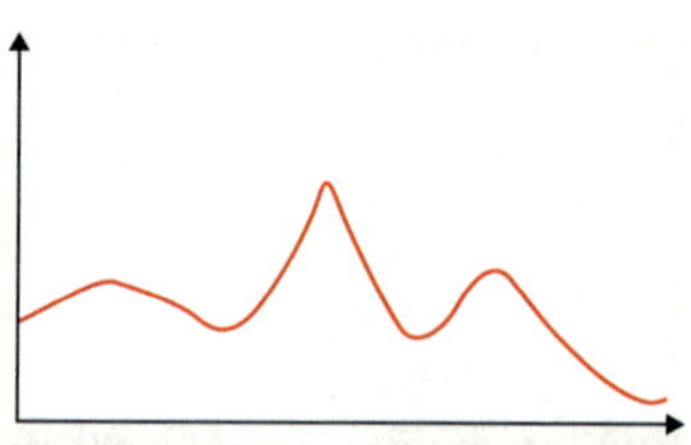	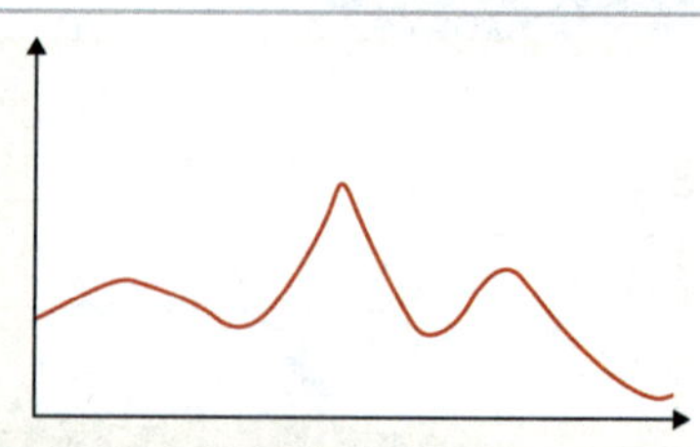
Fortpflanzung und Entwicklung	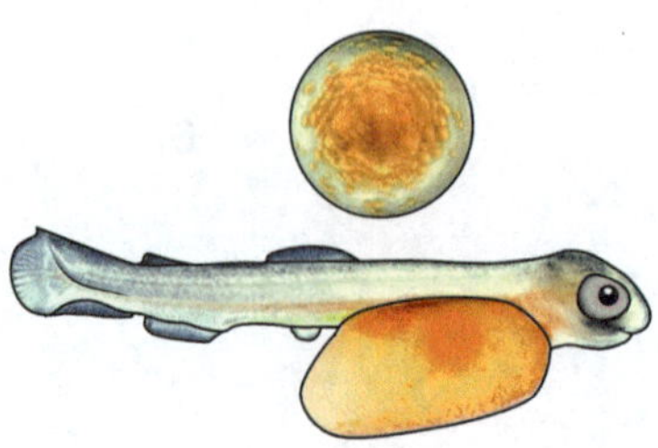	

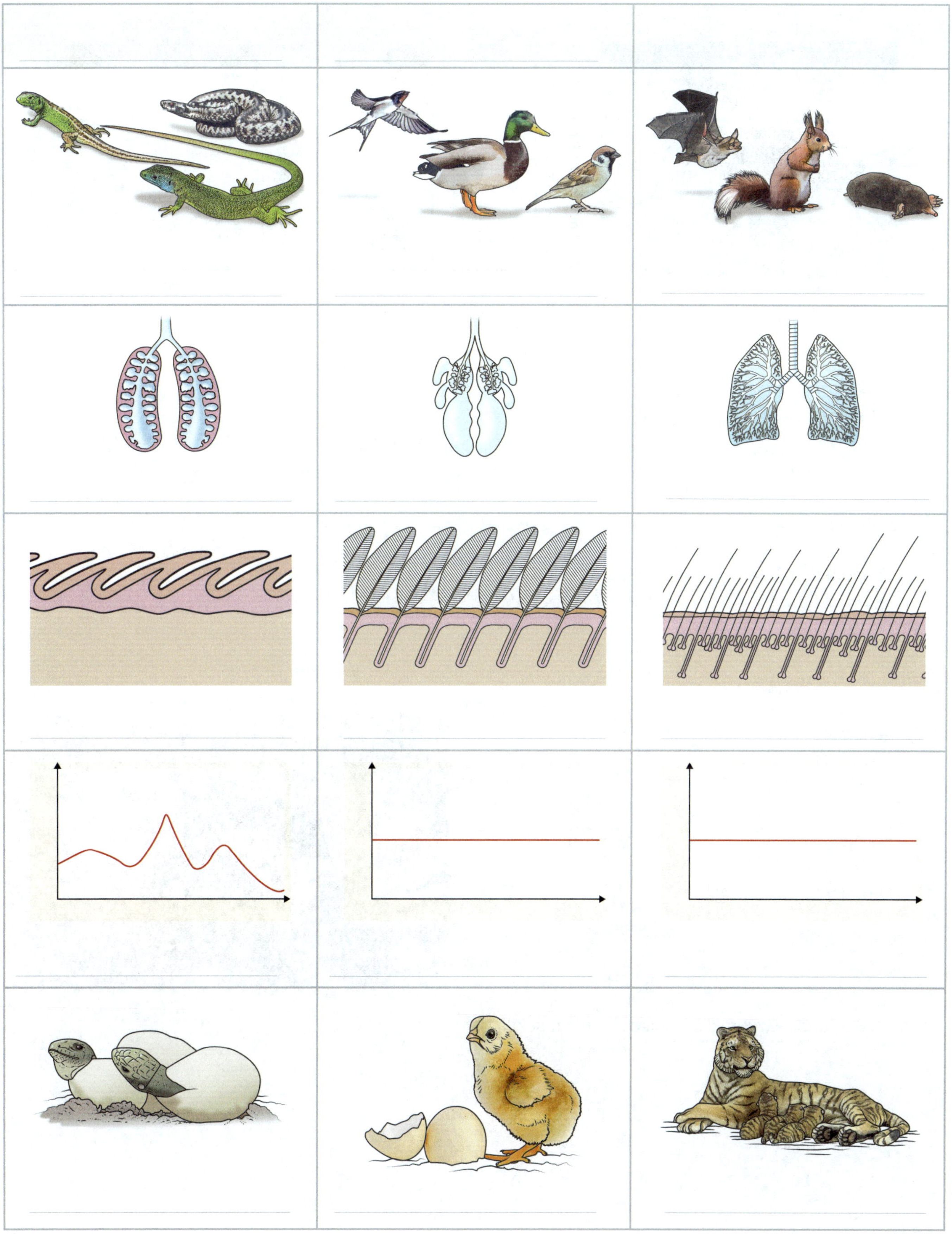

Honigbienen sind nützliche Insekten

1 Steckbrief der Honigbiene

a) Ergänze den Steckbrief der Honigbiene. Recherchiere fehlende Daten im Schulbuch und im Internet.

Größe:

Lebensraum:

Nahrung:

Bedeutung/Nutzen:

gehört zu:

Stamm:

Klasse:

Ordnung:

b) Begründe, warum die Honigbiene ein Insekt ist.

1 Körperbau der Honigbiene

Benenne die gekennzeichneten Teile einer Honigbiene.

1)

2)

3)

4)

5)

6)

7)

8)

9)

10)

2 Honigbienen bilden einen Tierstaat

Ergänze die Tabelle zu den Mitgliedern des Bienenstaates. Recherchiere im Internet.

Vergleichspunkte	Königin	Arbeiterin	Drohne
Abbildung			
Gemeinsamkeiten			
Größe			
Lebensdauer			
entwickelt sich aus...	befruchtetem Ei		
Aufgaben			

1 Vogel und Insekt im Vergleich

Vergleiche den Spatz und die Biene mithilfe der Tabelle.

	Wirbeltier: Spatz	
Körperbau und Skelett	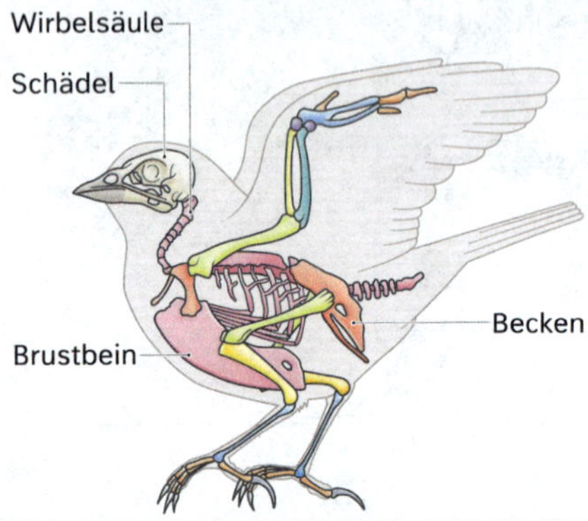	
Atmung	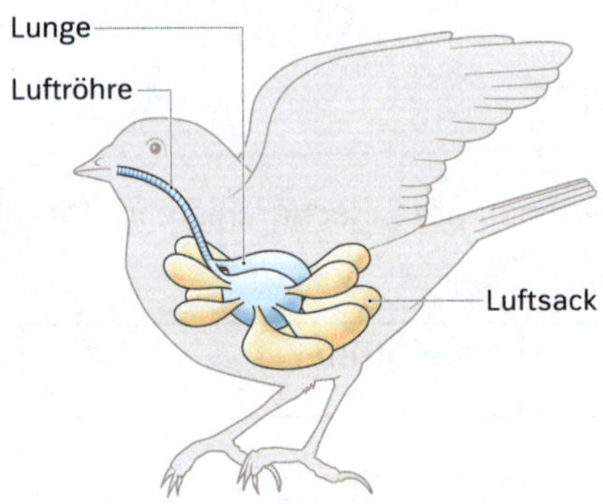	
Blutkreislauf	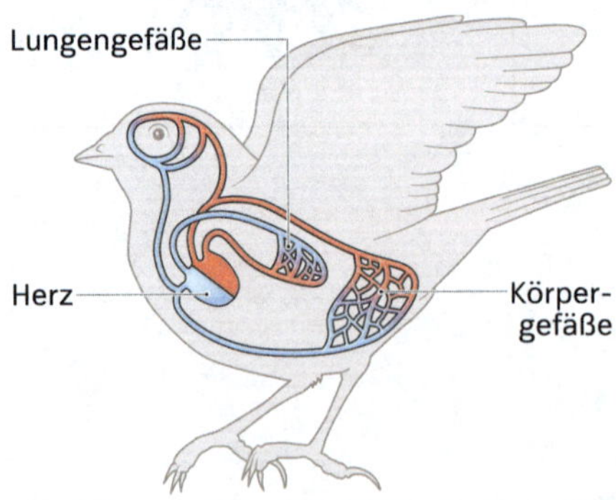	
Nervensystem	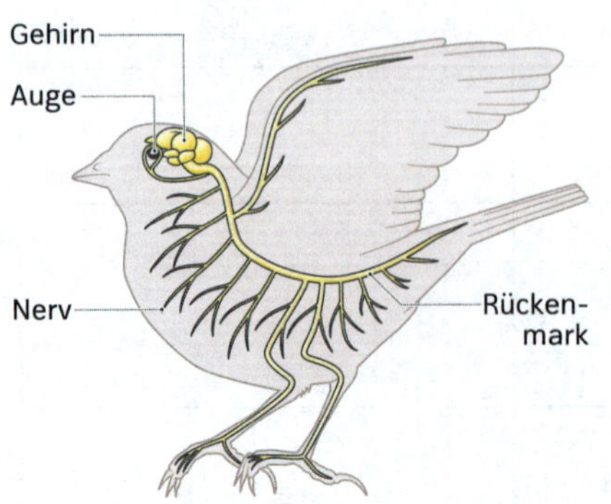	

	Wirbellose: Biene	
Körperbau und Skelett		
Atmung	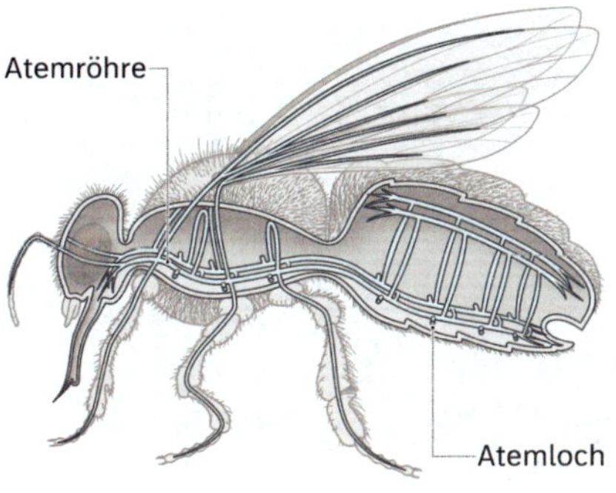	
Blutkreislauf	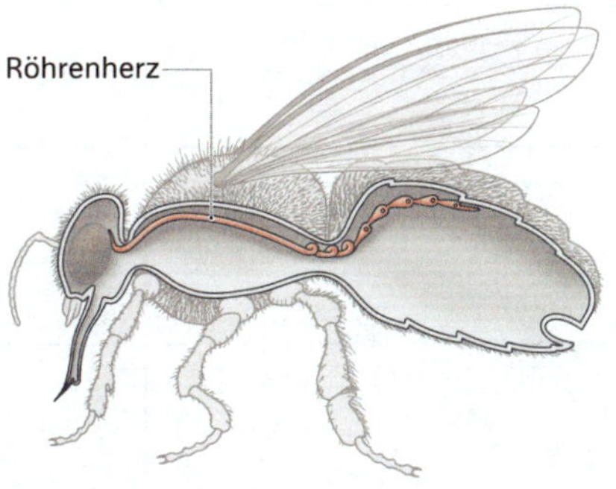	
Nervensystem	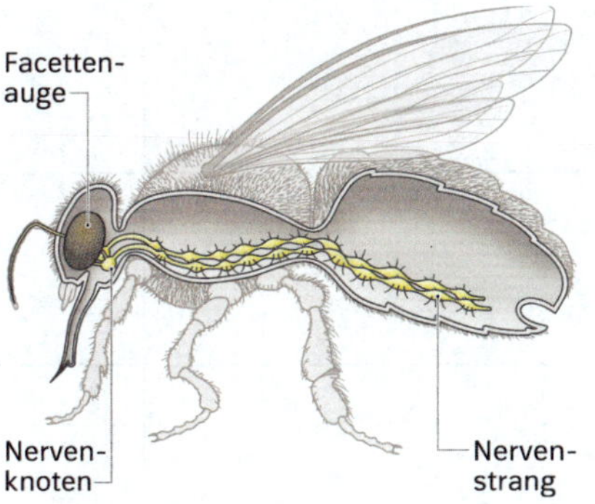	

Tiere überwintern unterschiedlich

1 Überwinterung von Säugetieren

Die Abbildung zeigt die Umgebungstemperatur und die Körpertemperatur von Igel und Eichhörnchen.

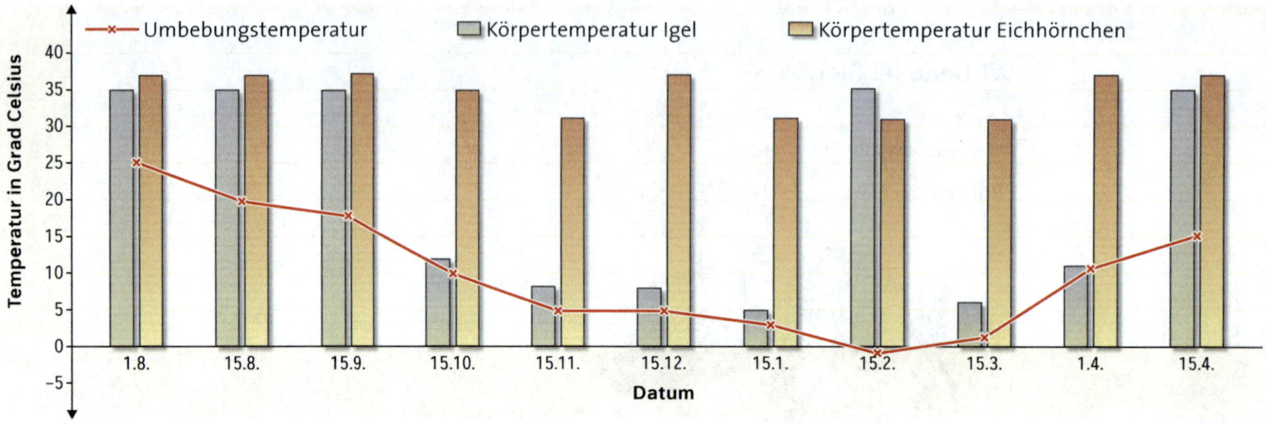

a) Entscheide, welches Tier Winterschlaf und welches Tier Winterruhe hält.

b) Vermute, welchen Grund es für die abweichenden Werte vom 15.12. beim Eichhörnchen und vom 15.2. beim Igel geben könnte.

c) Ergänze die Tabelle. Nutze auch das Diagramm.

Verhalten im Winter	aktive Überwinterung		
Nahrungsaufnahme	*täglich, zum Teil Winternahrung*		
Energiegewinn	*Nahrung und Fettreserven*		
Aktivität	*aktiv, eventuell leicht vermindert*		
Körpertemperatur	*wie im Sommer*		
Beispiele	*Reh, Wildschwein*		

1 Kältestarre

Ergänze den Steckbrief zur Kältestarre. Recherchiere fehlende Informationen im Schulbuch und im Internet.

Verhalten im Winter:

Merkmale der Tiere:

Beispiele:

2 Zugvögel

Definiere die Begriffe Zugvogel und Standvogel. Erkläre mithilfe der Abbildung die Begriffe Wintergäste und Durchzügler. Recherchiere, falls nötig, im Internet.

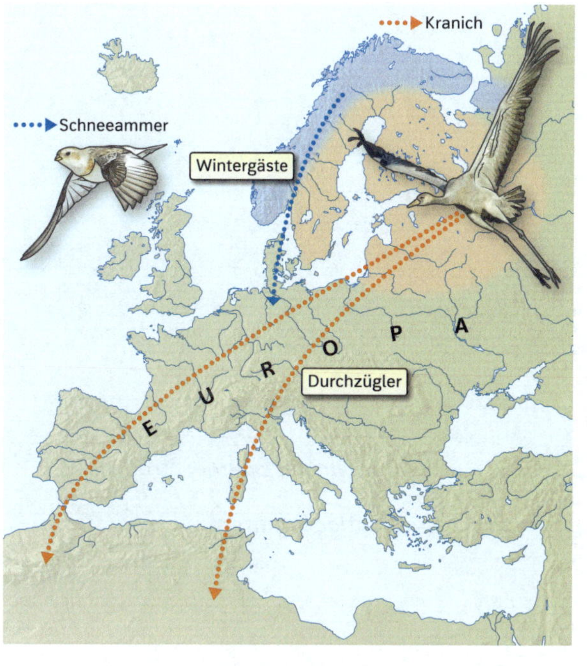

Aufbau eines Mischwaldes

1 Schichtung des Waldes

a) Ergänze die passenden Fachbegriffe für die einzelnen Schichten im Mischwald.

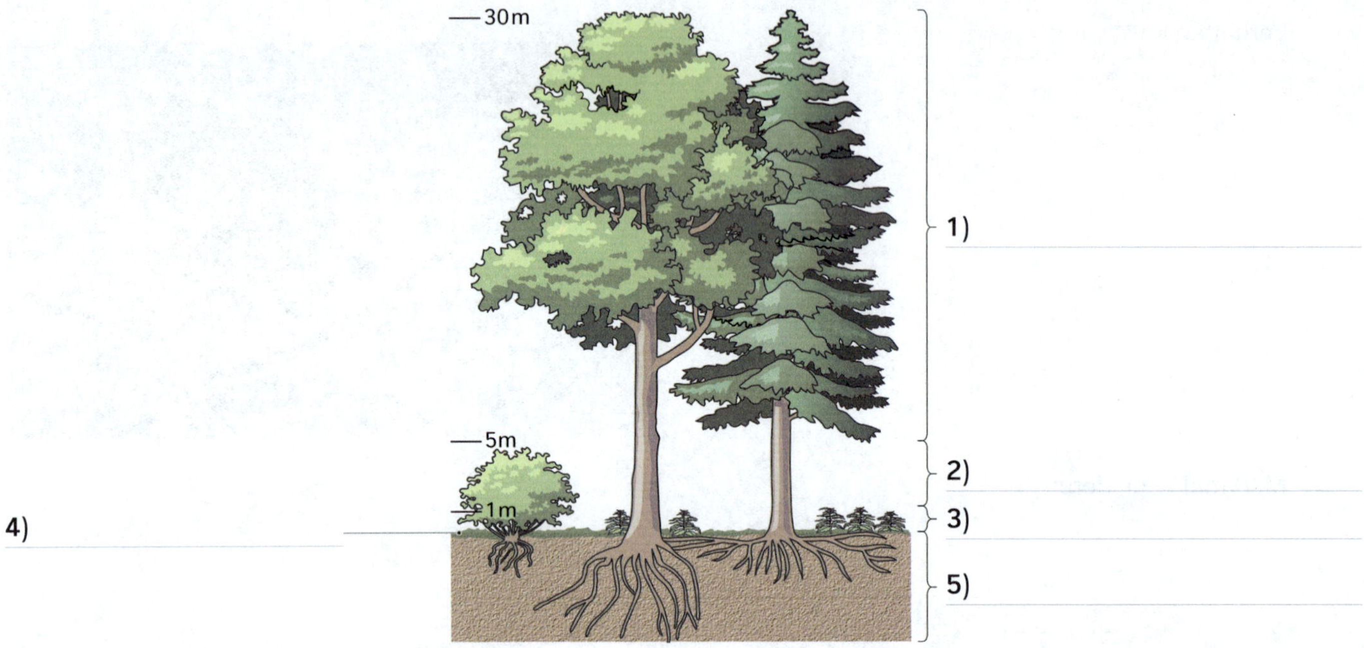

b) Ergänze die Tabelle mit je drei Beispielen für Tiere und Pflanzen, die in diese Schicht gehören.

Schicht	Beispiele für Pflanzen	Beispiele für Tiere
1)		
2)		
3)		
4)		
5)	*Wurzeln der Bäume, Sträucher* *krautige Pflanzen*	

1 Nahrungsketten und Nahrungsnetze

a) Die Abbildung zeigt ein Nahrungsnetz im Wald. Ordne den abgebildeten Pflanzen und Tieren die richtige Bezeichnung zu:

~~Larve eines Käfers~~, Raupe eines Schmetterlings, Rotbuche (mit Buchecker), Habicht, Reh, Kleiber, Kohlmeise, Eichhörnchen, Wildschwein, Maikäfer, Baummarder, Waldmaus

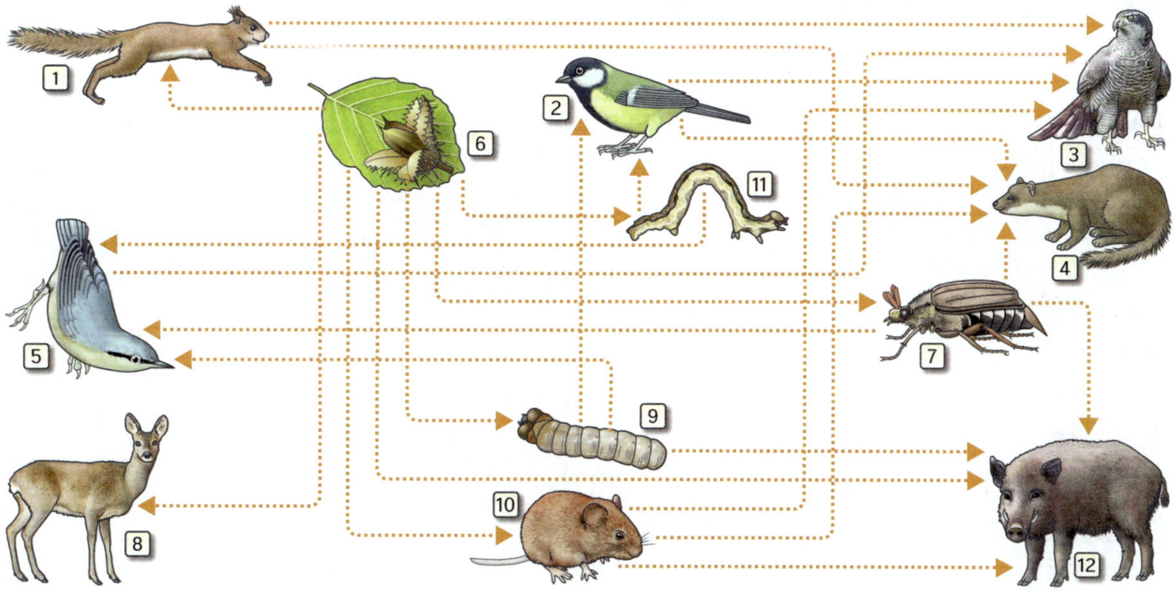

1)

2)

3)

4)

5)

6)

7)

8)

9) *Larve eines Käfers*

10)

11)

12)

b) Stelle drei Nahrungsketten mithilfe des Nahrungsnetzes auf:

c) Stelle eine Vermutung auf, was passieren würde, wenn es zu einem großen Buchensterben käme.

Der Mensch ist ein Säugetier

1 Ausgewählte Merkmale des Menschen

Die Abbildungen zeigen dir Merkmale des Menschen.

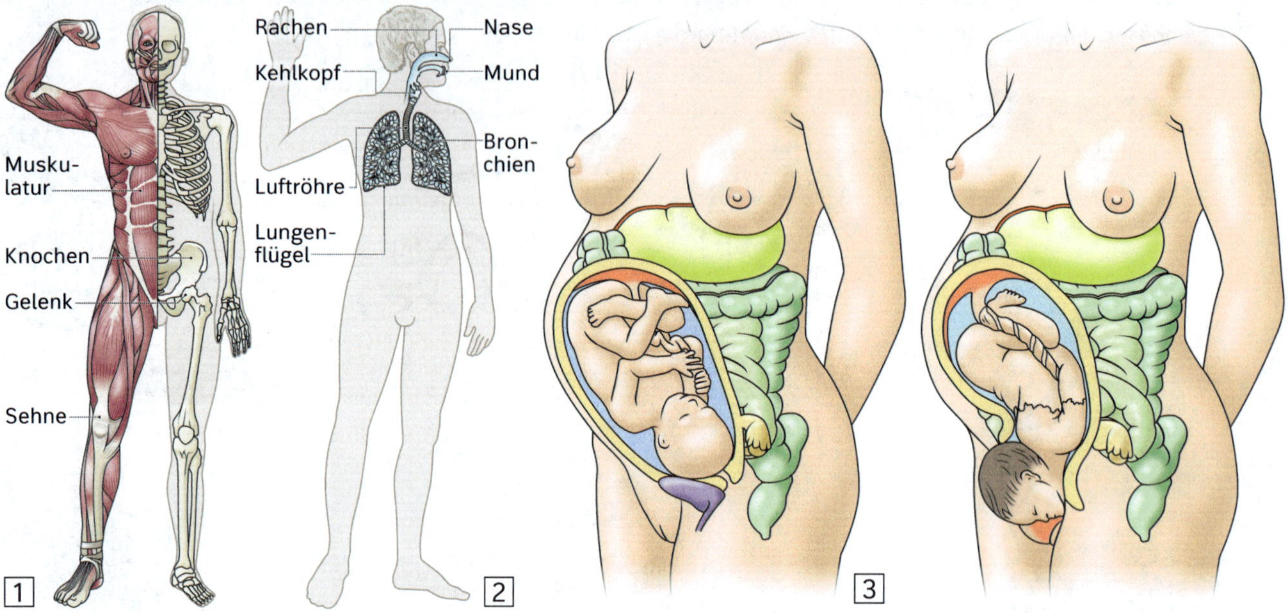

Prüfe mit Hilfe dieser Abbildungen folgende Aussagen und begründe deine Entscheidung:

a) Der Mensch zählt zu den Wirbeltieren.

b) Der Mensch atmet wie alle Säugetiere durch Lungen.

c) Der Mensch ist ein Zehengänger.

d) Der Mensch ist ein Säugetier.

Nahrungsmittel und ihre Inhaltsstoffe

1 Bestandteile der Nahrung

a) Ergänze die Übersicht zu den Bestandteilen von Nahrungsmitteln mit folgenden Begriffen: Ballaststoffe, Nährstoffe, Ergänzungsstoffe, Eiweißstoffe, einfache.

Bestandteile der Nahrung

1) ______________________

2) ______________ **Kohlenhydrate**
○ ○

Komplexe Kohlenhydrate
○ ○

Fette
○ ○ ○ ○

3) ______________________
○ ○ ○ ○

Wasser
③ ⑥ ⑨

4) ______________________

→ **Vitamine**
① ○ ○ ○ ○ ○

→ 5) ______________________
○ ○ ⑪

→ **Mineralstoffe**
① ② ○

b) Ordne die Nahrungsmittel nach den Bestandteilen, die sie besonders reichlich enthalten der Übersicht zu. Trage dafür die Zahlen in die leeren Kreise ein. Mehrfachzuordnungen sind möglich.

① Erbsen

② Hartkäse

③ Kartoffeln

④ Eier

⑤ Vollkornbrot

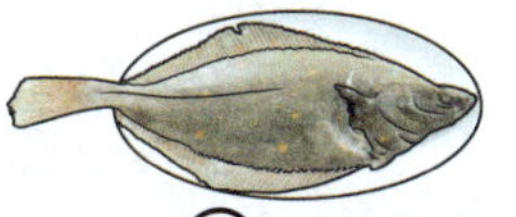
⑥ Fisch

⑦ Äpfel

⑧ Nüsse

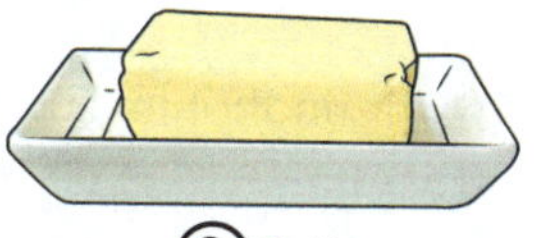
⑨ Butter

⑩ Orangen

⑪ Karotten

1 Verdauungsorgane des Menschen

Die Abbildung zeigt die Verdauungsorgane des Menschen. Ordne die Fachbegriffe richtig zu, indem du die Zahl im Kreis ergänzt. Mehrfachnennung ist möglich.

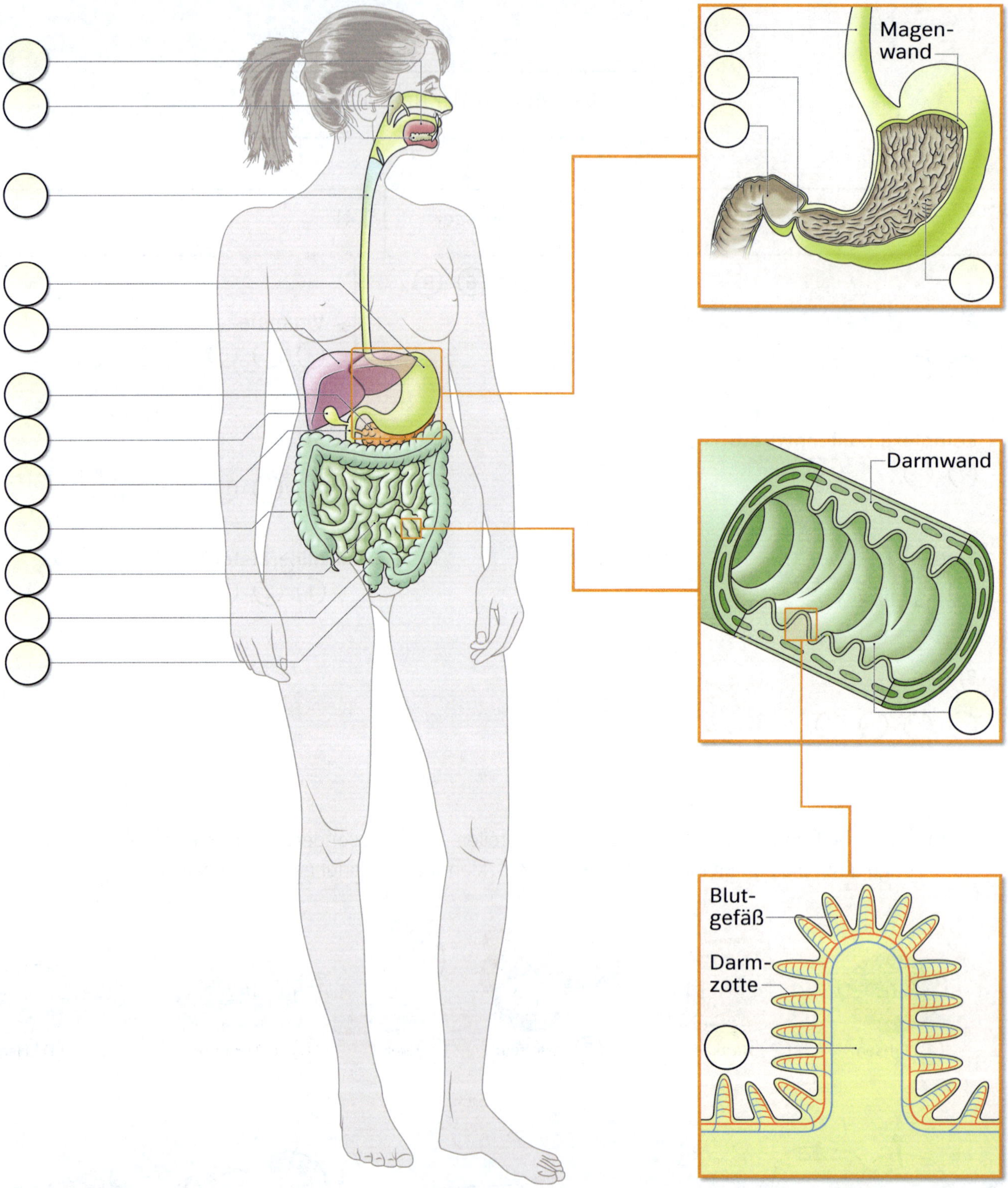

① Zunge ② Speiseröhre ③ Mundhöhle ④ Magen ⑤ Leber
⑥ Speicheldrüsen ⑦ Darmfalte ⑧ After ⑨ Dickdarm ⑩ Gallenblase
⑪ Bauchspeicheldrüse ⑫ Zwölffingerdarm ⑬ Dünndarm ⑭ Enddarm ⑮ Pförtner

1 Ernährungspyramide

Die Abbildung zeigt die Ernährungspyramide.

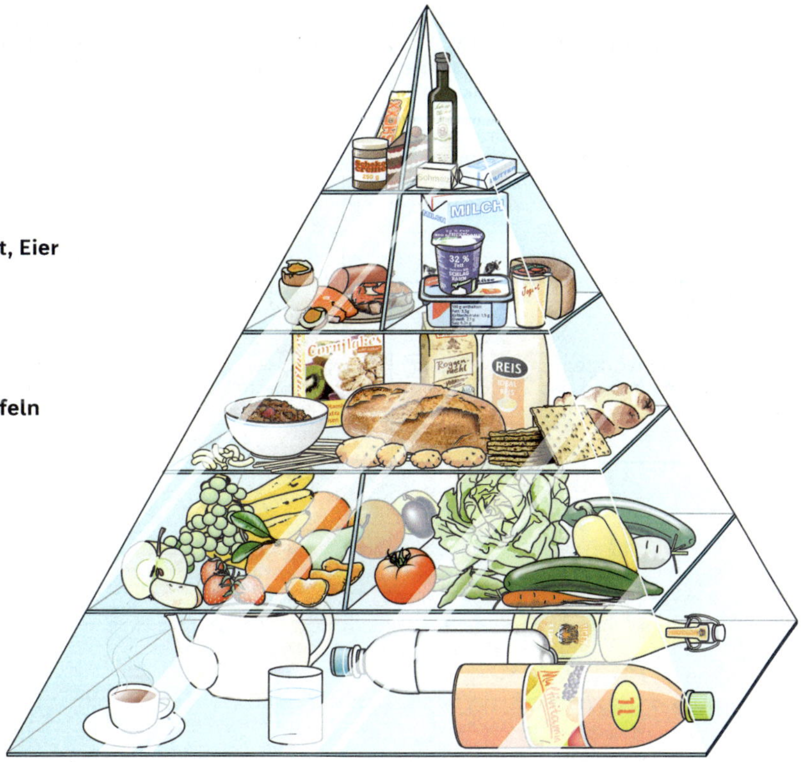

Süßigkeiten | **Öle und Fette**

Fisch, Fleisch, Wurst, Eier | **Milch und Milchprodukte**

Getreide und Kartoffeln

Gemüse und Obst

Getränke

a) Erläutere mithilfe der Abbildung den Begriff ausgewogene Ernährung.

b) Leite aus der Ernährungspyramide mindestens vier Regeln für eine ausgewogene, gesunde Ernährung ab.

Kohlenhydrate in Lebensmitteln

1 Inhaltsstoffe von Lebensmitteln

Vergleiche die Zutatenliste und die Nährwertangaben der abgebildeten Kakaogetränke und stelle die Unterschiede heraus. Wodurch wurde Zucker teilweise ersetzt?

Inhaltsstoffe: Zucker, 21 % kristallwasserhaltigen Traubenzucker,19 % fettarmer Kakao, Emulgator: Sojalecitine, Salz, Vitamine (Vitamin C, Vitamin E, Niacin, Pantothensäure, Vitamin B6, Vitamin B1, Folsäure

Kakao:	
Nährwert	pro 100 g
Eiweiß:	4,2g
Kohlenhydrate:	79,9 g
davon Zucker:	78,1 g
Fett:	3,4 g
Energie:	1587 kJ

Inhaltsstoffe: 42,5 % Maltodextrin, Zucker, 20,5 % fettarmer Kakao, Emulgator: Sojalecitine, Salz, Vitamine (Vitamin C, Vitamin E, Niacin, Pantothensäure, Vitamin B6, Vitamin B1, Folsäure

Zuckerreduzierter Kakao:	
Nährwert	pro 100 g
Eiweiß:	5,3g
Kohlenhydrate:	80,9 g
davon Zucker:	38,1 g
Fett:	3,0 g
Energie:	1553 kJ

2 Zucker und Stärke

a) Kreuze an, welche Lebensmittel viel Stärke oder viele andere Kohlenhydrate enthalten.

	Einfachzucker	Stärke
Nudeln		
Schokoladenkekse		
Kartoffeln		

	Einfachzucker	Stärke
Roggenbrot		
Fruchtgummi		
Obst		

b) Stärkehaltige Lebensmittel machen länger satt als süße Lebensmittel. Fülle die Lücken, um diesen Zusammenhang zu erklären.

Haushaltszucker ist aus zwei Einfachzuckern zusammengesetzt, Stärke hingegen aus ______________. Sowohl Stärke als auch Haushaltszucker werden in der Verdauung in ______________ zerlegt. Diese Zerlegung dauert bei Stärke ______________.

Dadurch steigt der Blutzuckerspiegel langsamer an und Stärke macht länger ______________.

Die Atmungsorgane

1 Atmungsorgane des Menschen

Die Abbildung zeigt die Atmungsorgane des Menschen. Beschreibe den Weg der Atemluft bis zum Lungenbläschen. Beachte dabei auch Veränderungen der Atemluft.

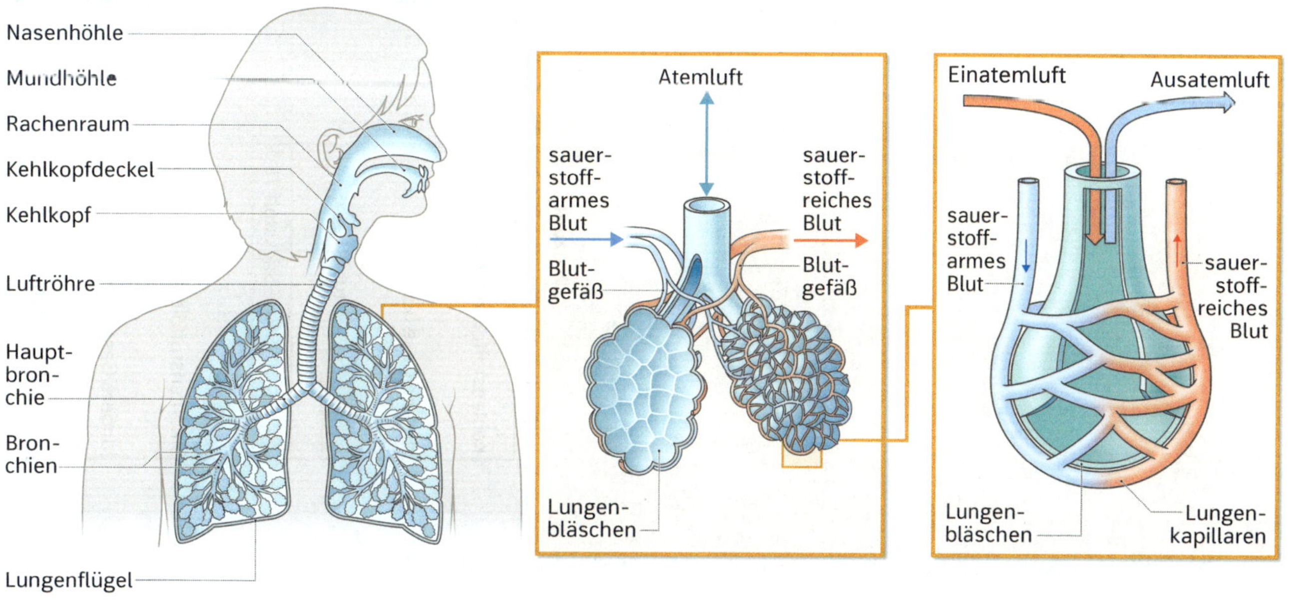

Die Luft gelangt beim Einatmen zuerst in die ______________________ . Hier wird sie angefeuchtet und gereinigt. Dann fließt sie durch den ______________________ über den Kehlkopf in die ______________________ . Von der Luftröhre gelangt die Atemluft in die ______________________ . Über diese wird die Luft direkt in die ______________________ gegeben. Die Hauptbronchien verzweigen sich, sodass die Luft jetzt in die ______________________ kommt. Auch hier kommt es noch einmal zu einer Reinigung der Luft von fremden Bestandteilen wie Staub. Zum Schluss gelangt die Luft in die ______________________ . Hier findet der Gasaustausch statt.

Atmung und Gasaustausch

1 Gasaustausch

a) Werte die beiden Diagramme aus.

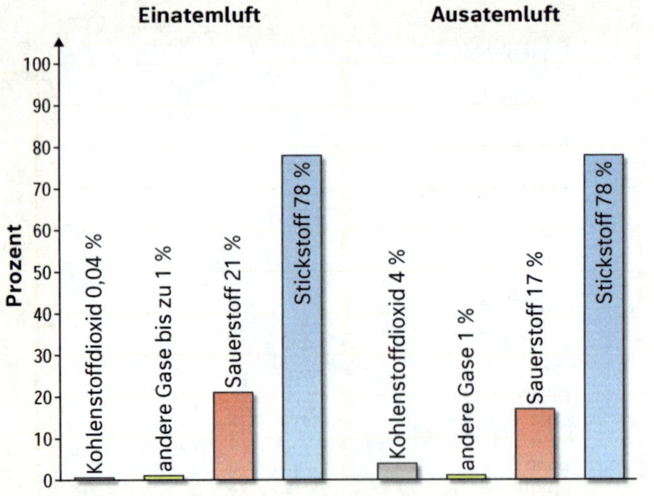

b) Erkläre die unterschiedliche Zusammensetzung der Ein- und Ausatemluft.

2 Erkrankungen und Gesunderhaltung der Atmungsorgane

a) Nenne mindestens vier Erkrankungen der Atmungsorgane.

b) Erläutere Maßnahmen, um Erkrankungen der Atmungsorgane vorzubeugen.

1 Innere und äußere Atmung

a) Beschrifte die Abbildung mit folgenden Begriffen: Muskelzellen (Körperzellen) • Lungenbläschen • rote Blutzelle • Lungenarterie • Lungenvene • Körperarterie • Körpervene

b) Zeichne die Wegstrecken rot, auf denen Sauerstoff transportiert wird. Zeichne die Wegstrecken blau, auf denen Kohlenstoffdioxid transportiert wird.

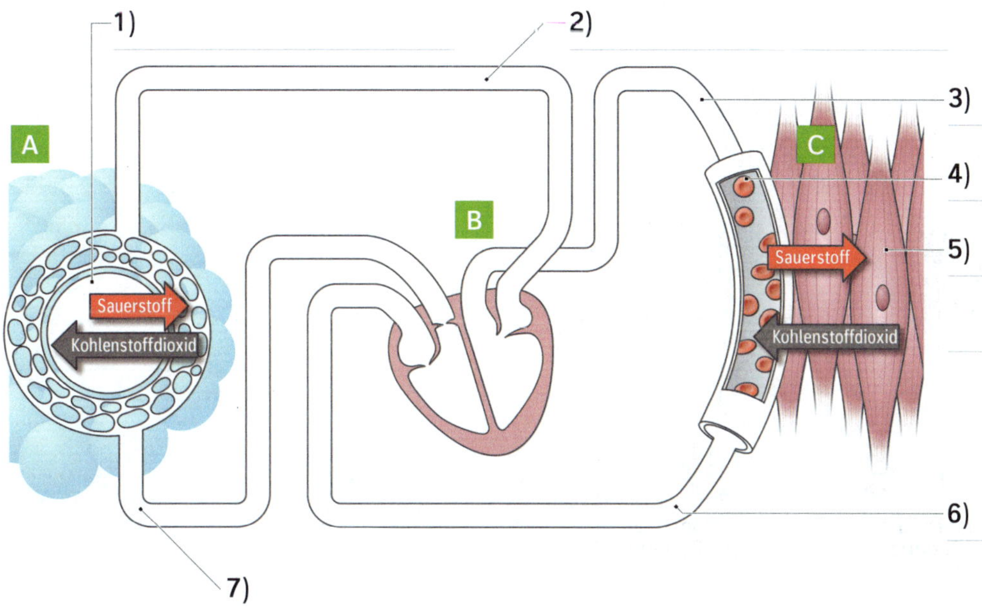

c) Ordne den beschriebenen Vorgängen die jeweils richtige Station A, B oder C aus der Abbildung zu.

	Das Blut gibt Sauerstoff in die Körperzellen ab.
	Die rechte Herzhälfte pumpt kohlenstoffdioxidreiches Blut zur Lunge.
	Das Blut gibt Kohlenstoffdioxid durch die Wand der Lungenbläschen an die Atemluft ab.
	Die linke Herzhälfte pumpt sauerstoffreiches Blut in den Körper.
	Das Blut nimmt Kohlenstoffdioxid aus den Körperzellen auf.
	Das Blut nimmt Sauerstoff durch die Wand der Lungenbläschen aus der Atemluft auf.

d) Beschreibe den Zusammenhang zwischen äußerer und innerer Atmung.

Vom Jungen zum Mann

1 Veränderungen in der Pubertät

Die Abbildung zeigt Veränderungen bei der Entwicklung vom Jungen zum Mann. Zähle Beispiele dafür auf.

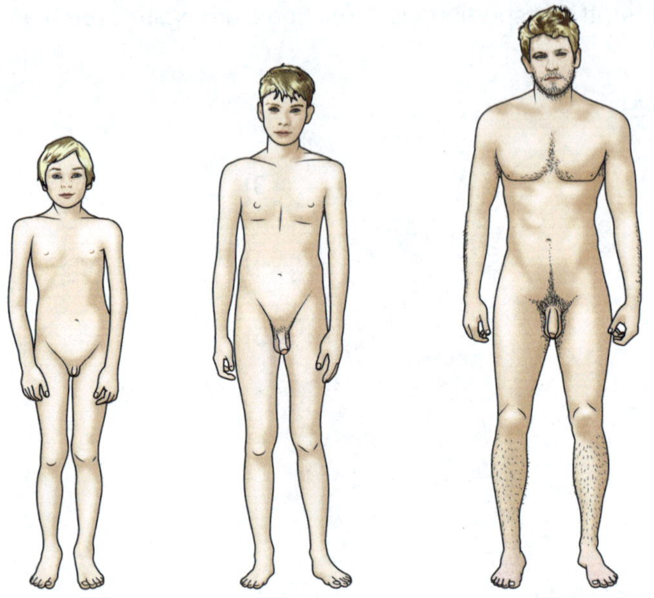

2 Männliche Geschlechtsorgane

Die Abbildung zeigt die männlichen Geschlechtsorgane und die benachbarte Harnblase. Beschrifte sie mit den richtigen Fachbegriffen.

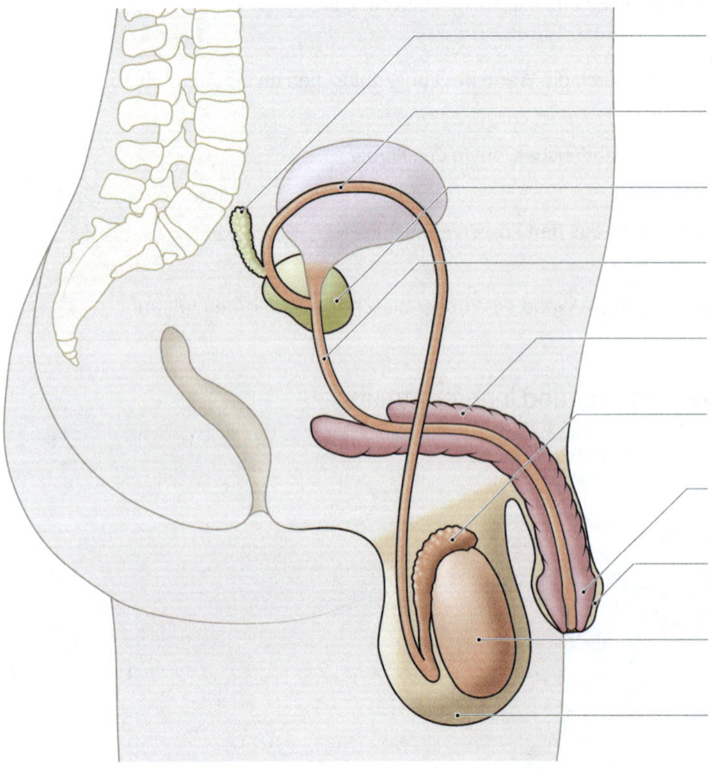

Vom Mädchen zur Frau

1 Veränderungen in der Pubertät

Die Abbildung zeigt Veränderungen bei der Entwicklung vom Mädchen zur Frau. Zähle Beispiele dafür auf.

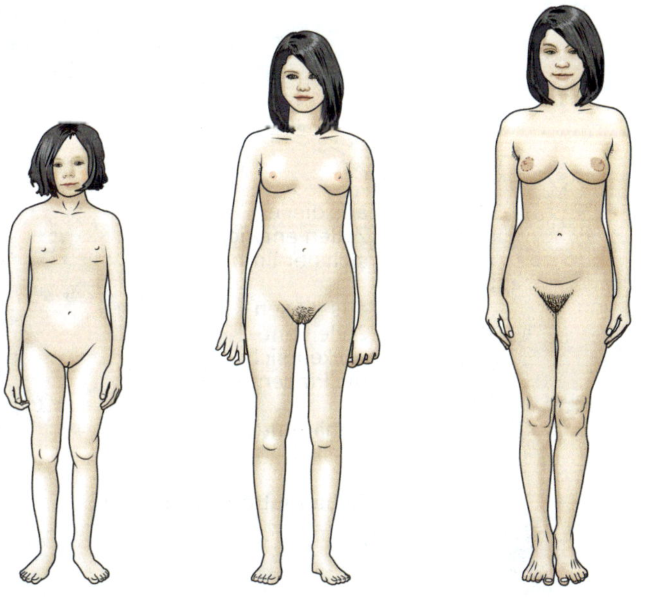

2 Weibliche Geschlechtsorgane

Die Abbildung zeigt die weiblichen Geschlechtsorgane und die benachbarte Harnblase. Beschrifte sie mit den richtigen Fachbegriffen.

1)

2)

3)

4)

5)

6)

7)

8)

9)

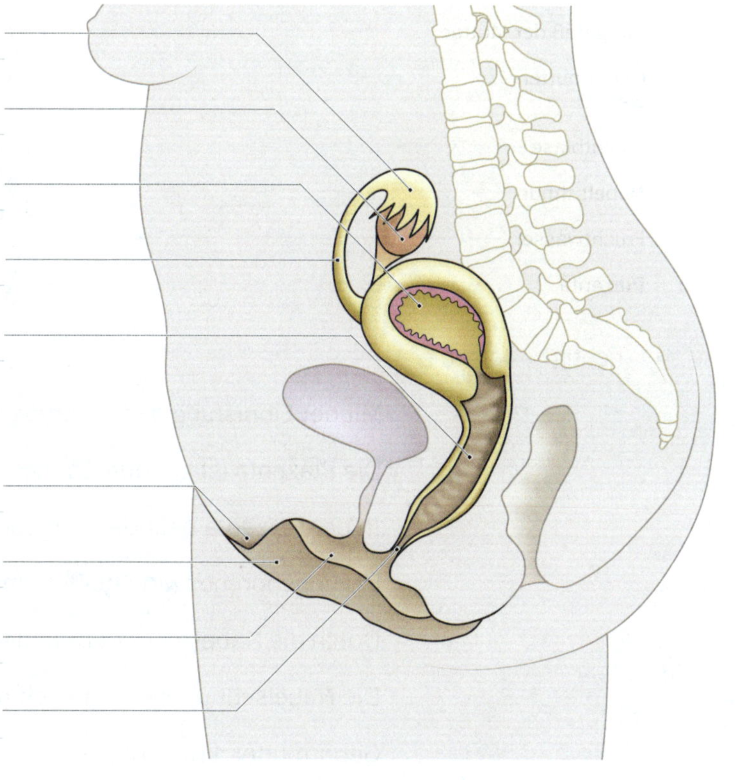

Befruchtung und Schwangerschaft

1 Befruchtung und Einnistung

Die Abbildung zeigt die Befruchtung und Einnistung einer Eizelle. Beschrifte sie.

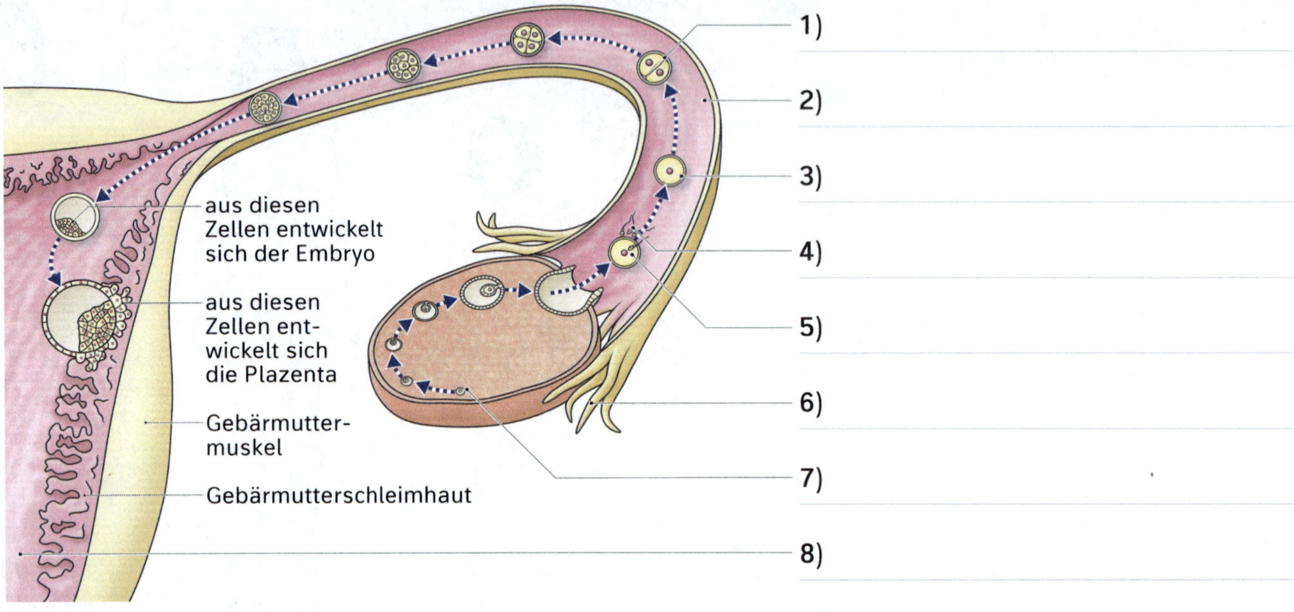

2 Plazenta

Die Abbildung zeigt die Plazenta und den Embryo. Kreuze an, ob die Aussagen richtig oder falsch sind.

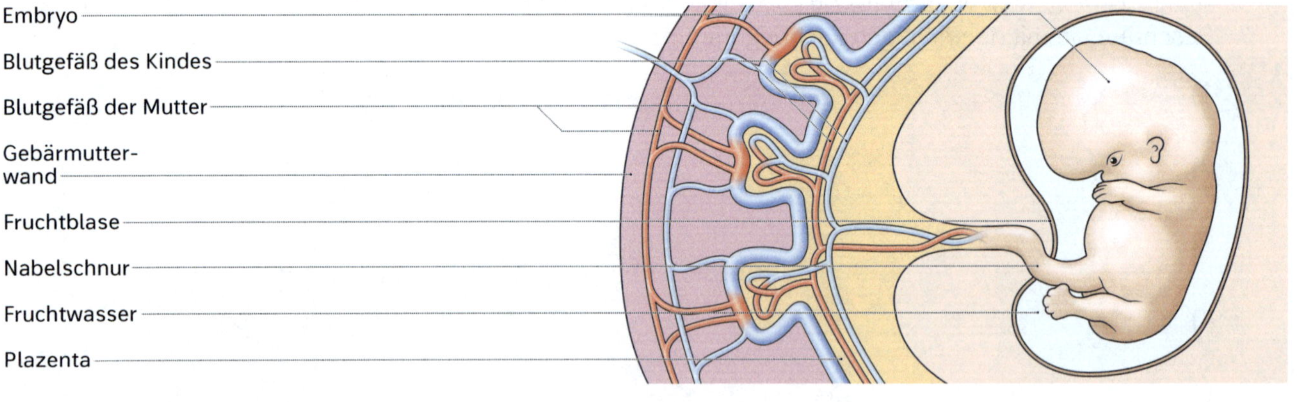

richtig	falsch	
☐	☐	Mit der Einnistung des Embryos in die Gebärmutter beginnt die Schwangerschaft.
☐	☐	Die Plazenta ist gut durchblutet.
☐	☐	In der Plazenta befindet sich auch das Fruchtwasser.
☐	☐	Ein ungeborenes Kind heißt immer Embryo.
☐	☐	Durch die Nabelschnur erhält der Embryo Nährstoffe wie Traubenzucker und Sauerstoff.
☐	☐	Die Nabelschnur entsorgt auch Abfallstoffe und Kohlenstoffdioxid des Embryos.
☐	☐	Gebärmutter, Fruchtblase und Fruchtwasser schützen vor Stößen und Erschütterungen.

Die Geburt

1 Geburt

Die Abbildungen zeigen einen vollständig entwickelten Embryo und die Geburt.

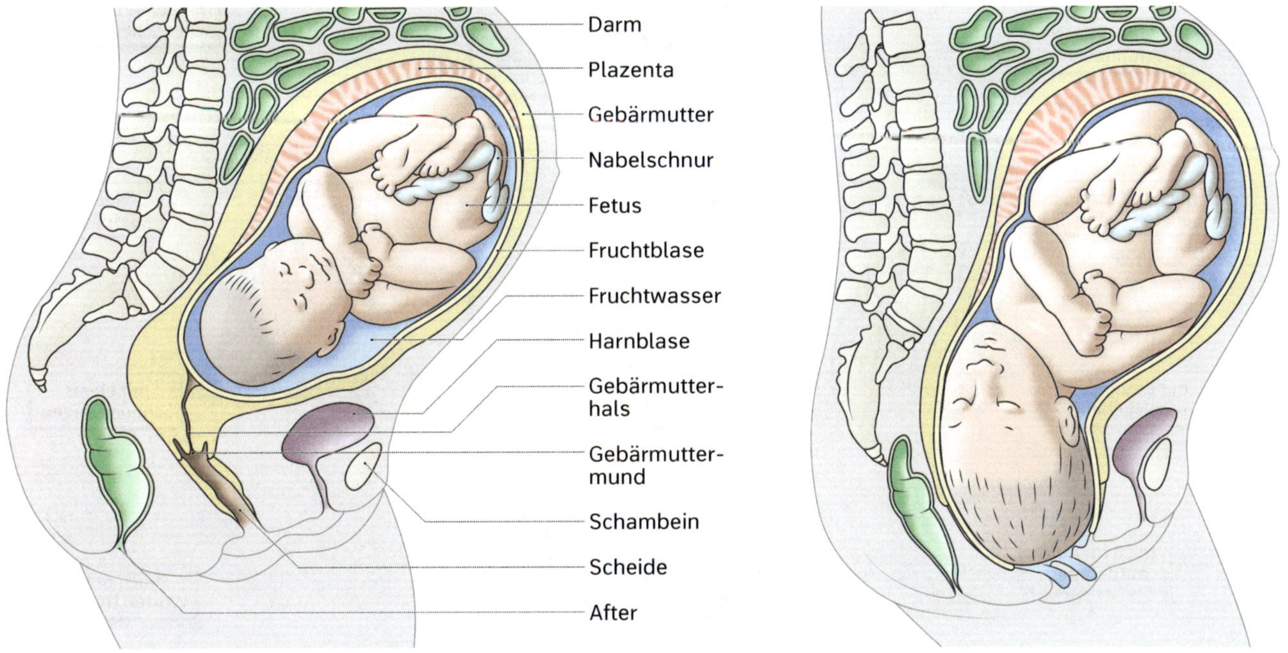

a) Beschreibe Größe und Lage des Kindes kurz vor der Geburt.

b) Benenne die beiden dargestellten Geburtsphasen und begründe deine Zuordnung.

c) Begründe, warum Schwangere in den letzten Monaten häufig zur Toilette müssen.

Nein heißt nein!

1 Grenzen

Die Abbildung zeigt Dinge, die nicht jeder darf und Dinge, die keiner darf.

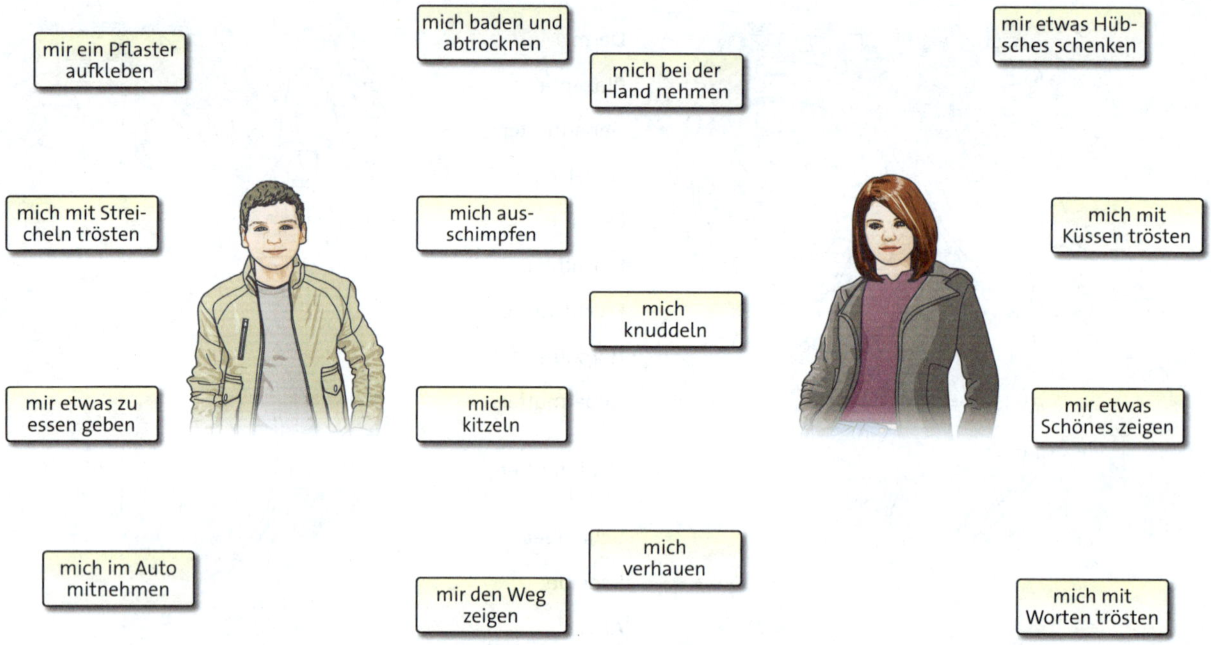

Ordne die Beispiele zu. Ergänze weitere Beispiele.

Das darf nicht jeder:

Das darf keiner:

2 Chat

Beschreibe und bewerte die dargestellte Situation.

Die Verhütungsmethoden

1 Verschiedene Methoden der Empfängnisverhütung

Fülle den Steckbrief zu jeder dargestellten Verhütungsmethode aus. Recherchiere fehlende Informationen im Schulbuch, in Fachbüchern oder im Internet.

Antibabypille

Wirkungsweise/Sicherheit:

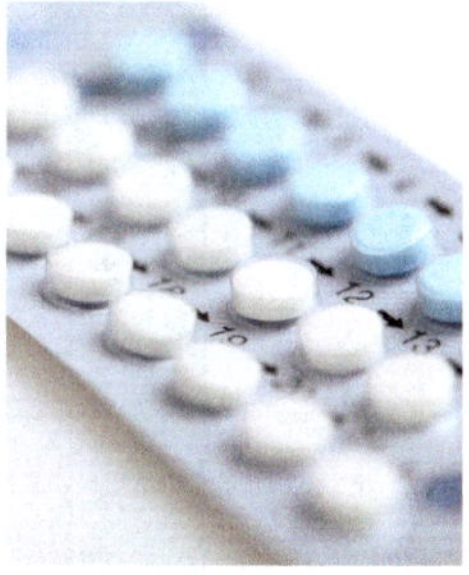

Vorteile:

Nachteile:

Kondom

Wirkungsweise/Sicherheit:

Vorteile:

Nachteile:

Diaphragma

Wirkungsweise/Sicherheit:

Vorteile:

Nachteile:

Kupferspirale

Wirkungsweise/Sicherheit:

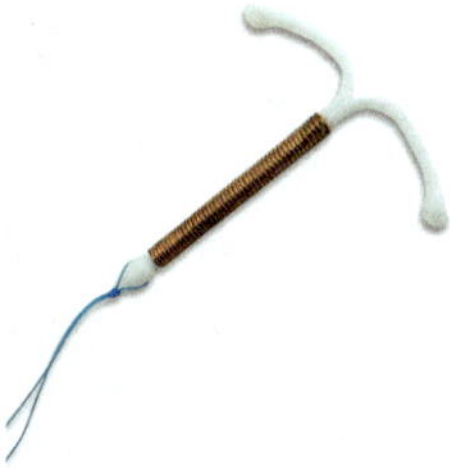

Vorteile:

Nachteile:

1 Federkraftmesser

a) Beschrifte den Federkraftmesser mit den Fachbegriffen.

Schraubenfeder • Schraube zur Einstellung der Nulllage • Skala • Messbereich • Hülle

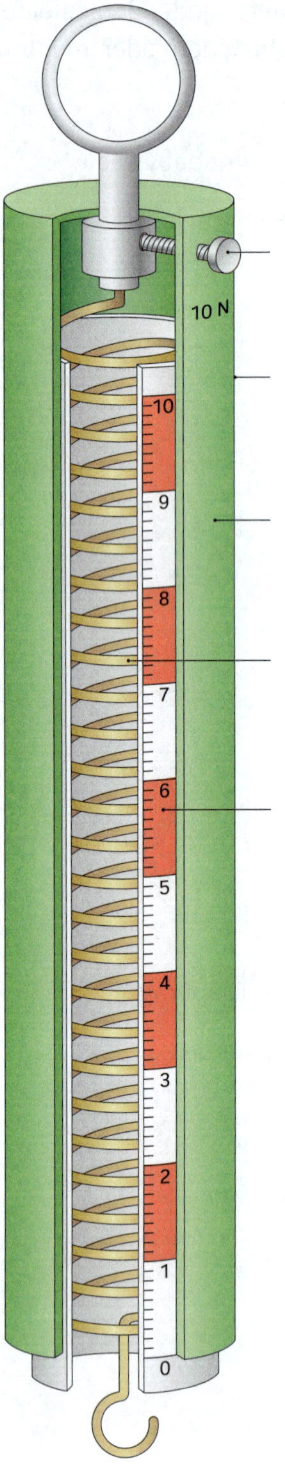

b) Erkläre den Begriff Messbereich.
Kreuze die richtige Aussage an.

☐ Der Messbereich zeigt an, in welchem Bereich man messen soll.

☐ Der Messbereich gibt die größte messbare Kraft des Federkräftemessers an.

c) Beschreibe die Einstellung der Nulllage.
Die Satzbausteine helfen dir.

Schraube lösen • Feder bewegen • Beginn der Skala und Rand der Hülle übereinstimmen • Schraube festziehen

d) Die Nulllage wurde nicht richtig eingestellt.
Kreuze an, welche Folge das hat.

☐ Das angehängte Massestück kann nicht genau gemessen werden.

☐ Die Schraubenfeder dehnt sich nicht.

☐ Die Schraubenfeder wird plastisch verformt.

Kraft als gerichtete Größe

1 Kraft ist eine gerichtete Größe

a) Zwei Kräfte wirken in eine gleiche Richtung.
Ergänze den Lückentext.

Kraft F_1 • gleiche Richtung • Gesamtkraft • Kraft F_2 • Pfeile • Kräfte • Gesamtkraft F_R

Zwei ______________________ können in die gleiche Richtung wirken. Dabei schieben zum Beispiel zwei Kräfte einen Gegenstand an. Die beiden Kräfte können dann zu einer ______________________ addiert werden. Dies kann man grafisch darstellen. Die ______________________ in der Grafik stellen die beiden Kräfte dar. Beide Pfeile weisen in die ______________________. Beide Pfeile zusammen sind die ______________________. Um die Gesamtkraft darzustellen, setzt man den Angriffspunkt der ______________________ an die Pfeilspitze der ______________________.

b) Zwei Kräfte wirken in die gleiche Richtung auf einen Gegenstand.
Trage die beiden Kräfte und die Gesamtkraft in die Abbildung ein.

Kraft $F_1 = 400$ N   Kraft $F_2 = 200$ N   Maßstab: 1 cm entspricht 200 N

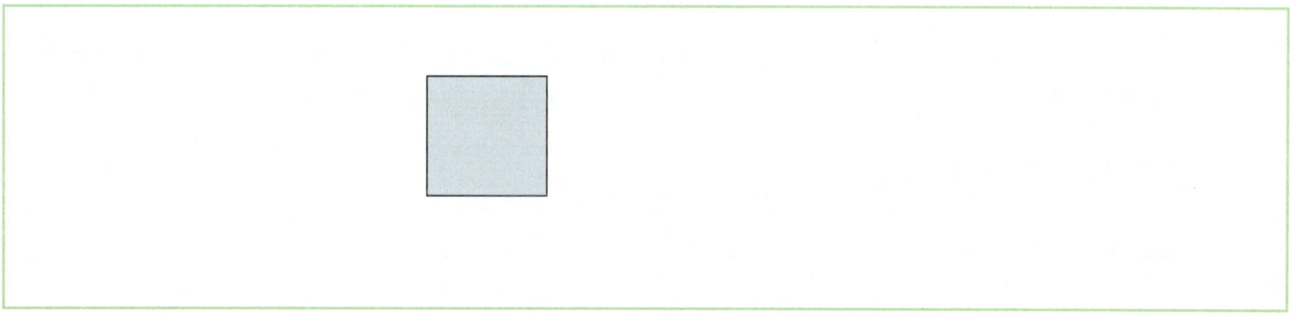

c) Zwei Kräfte wirken in die entgegengesetzte Richtung auf einen Gegenstand.
Trage die beiden Kräfte und die Gesamtkraft in die Abbildung ein. Die Richtung der Gesamtkraft wird von der Kraft bestimmt, die den größeren Betrag hat.

Kraft $F_1 = 400$ N   Kraft $F_2 = 200$ N   Maßstab: 1 cm entspricht 200 N

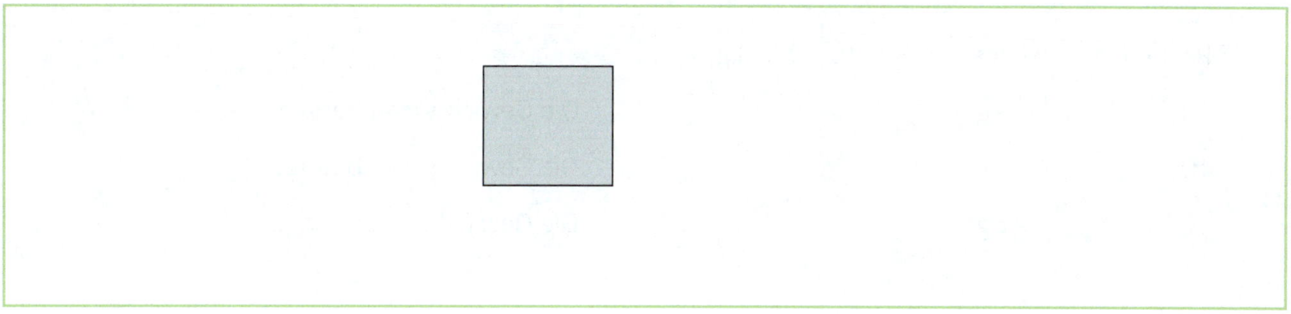

Gewichtskraft und schwere Masse

1 Fallbewegung

a) Fällt ein Gegenstand herunter, fällt er in eine bestimmte Richtung.
In welche Richtung fällt der Gegenstand auf dem Südpol, dem Nordpol, in Europa und Afrika?

____

____

b) Kreuze die Ursache für die Richtung der Fallbewegung der Gegenstände an.

☐ Fallkraft

☐ Erdanziehungskraft

☐ Masse

2 Masse

a) Ermittelt man mit einer Balkenwaage auf der Erde und auf dem Mond die Masse eines Körpers, erhält man

☐ das gleiche Ergebnis.

☐ ein anderes Ergebnis.

b) Ermittelt man mit einem Federkraftmesser auf der Erde und auf dem Mond die Masse eines Körpers, erhält man

☐ das gleiche Ergebnis.

☐ ein anderes Ergebnis.

3 Gewichtskraft

Gib jeweils die Gewichtskraft an, die auf der Erde auf eine Masse von 200 g, 500 g und 2 kg wirkt.

Umrechnung von g (Gramm) in kg (Kilogramm): 1000 g = 1 kg

200 g = __________ kg   500 g = __________ kg

Rechnung: Gewichtskraft $F_G \approx 10 \cdot m$ (in kg)

$10 \cdot$ __________ kg = __________   Die Gewichtskraft beträgt: __________

$10 \cdot$ __________ kg = __________   Die Gewichtskraft beträgt: __________

$10 \cdot$ __________ kg = __________   Die Gewichtskraft beträgt: __________

Schwimmen, schweben, steigen, sinken

1 Tauchboot

Erkläre, wie das Tauchboot schwimmen, sinken, schweben und steigen kann.

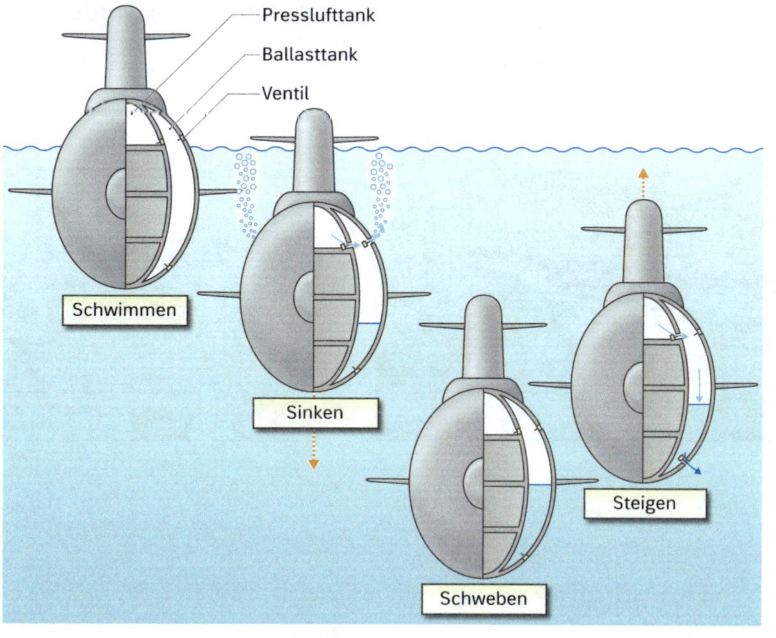

Energie begegnet uns überall

1 Energie im Alltag

Auf den Bildern siehst du mehrere Vorgänge in der Natur, im Verkehr und im Haushalt.
Ohne Energie würde es die Vorgänge nicht geben.
Schreibe jeweils drei Vorgänge auf, die es ohne Energie nicht geben würde.

Natur

Verkehr

Haushalt

2 Energieträger und Energieformen

Verbinde die Energieträger mit der passenden Energieform.

Energieträger
Holzkohle
heißes Wasser
Wind
Erdgas
Spaghetti
fahrender Zug
Apfel
Sonne
Fahrstuhl im Hochhaus
Gras
heiße Suppe

Energieformen
thermische Energie
chemische Energie
elektrische Energie, Bewegungsenergie
Kernenergie
Höhenenergie, Bewegungsenergie, elektrische Energie
chemische Energie
chemische Energie
Bewegungsenergie
chemische Energie
thermische Energie, chemische Energie
chemische Energie

1 Fachbegriffe zur Energie

Verbinde die Fachbegriffe mit der passenden Erklärung.

Energie		Energie gibt es als chemische, elektrische Energie und als mechanische Energie.
Energieträger		Gegenstände und Menschen können sich dadurch bewegen. Licht und Wärme kann damit erzeugt werden.
Energieform		Diese Stoffe tragen Energie in sich. Durch einen Umwandlungsprozess wird die Energie abgegeben.

2 Erneuerbare und nicht erneuerbare Energieträger

Kreise die erneuerbaren Energieträger blau und die nicht erneuerbaren Energieträger gelb ein.

Holz Erdöl Sonne Wind

Erdgas Kohle Wasser

Ordne die Wörter in die Tabelle ein.
Die Energieformen können mehrfach verwendet werden.

Sonne • Bewegungsenergie • Solarkollektoren • Mensch • Kraftstoff/Benzin • Windmühlen • Heizung • Strahlungsenergie • chemische Energie • Erdgas • Holz • Wind • Auto • Lagerfeuer

Energieträger	Energieform	Beispiel

Setze die Wörter passend ein.

Wärme und Licht • elektrischer Energie • Wärme • Elektrizität

Bewegungsenergie des Windes	→ Umwandlung zu	
chemische Energie in Holz		
Strahlungsenergie der Sonne		
elektrische Energie der Kraftwerke		

Energieformen

1 Formen der Energie

a) Nenne die Energieformen in den Bildern.

b) Ordne den Ziffern die richtigen Energieformen zu.

1)

2)

3)

4)

5)

6)

7)

c) „Energie geht nie verloren.“ Erläutere diese Aussage.

Energieumwandlung

1 Umwandlung mechanischer Energie

a) Beschreibe einen Bungeesprung mit eigenen Worten.
Die Begriffe und der Satzanfang helfen dir dabei.

hohe Plattform • Höhenenergie gespeichert • springt • fällt • Bungeeseil gespannt • Bungeespringer bremst • wird nach oben zurückgezogen • dann fällt er wieder abwärts • geschieht mehrere Male

Der Bungeespringer steigt mit seiner Muskelkraft ...

b) Verbinde die Vorgänge mit den Energieumwandlungen.

Vorgang
Der Bungeespringer steigt auf die Plattform.
Der Bungeespringer springt.
Das Bungeeseil wird gestreckt, der Bungeespringer wird gebremst.
Das Seil ist straff gespannt und zieht den Bungeespringer wieder in die Höhe.

Energieumwandlung
Spannenergie wird in Bewegungsenergie und Höhenenergie umgewandelt.
Bewegungsenergie wird zu Höhenenergie.
Höhenenergie wird zu Bewegungsenergie.
Bewegungsenergie wird zu Spannenergie.

c) Überlege, wo die Energie aus dem Bungeeseil bleibt. Kreuze die richtige Antwort an.

- ☐ Die Energie wird als Bewegung abgegeben.
- ☐ Die Energie wird als Wärme abgegeben.
- ☐ Die Energie wird als Licht abgegeben.

Energiefluss

1 Energiefluss und Energieumwandlung

a) Der Wandler bekommt elektrische Energie als zugeführte Energie.
Trage die erwünschte und unerwünschte Energie ein. Vervollständige die Tabelle.
Tipp: Alle Begriffe kannst du zweimal verwenden.

Bewegungsenergie • Wärme • Schall • Licht

Gerät	erwünschte Energie	unerwünschte Energie
Heizstrahler		
Bohrmaschine		
Rasenmäher		
Taschenlampe		

b) Trage zwei Beispiele aus der Tabelle in die Energieflussdiagramme ein.

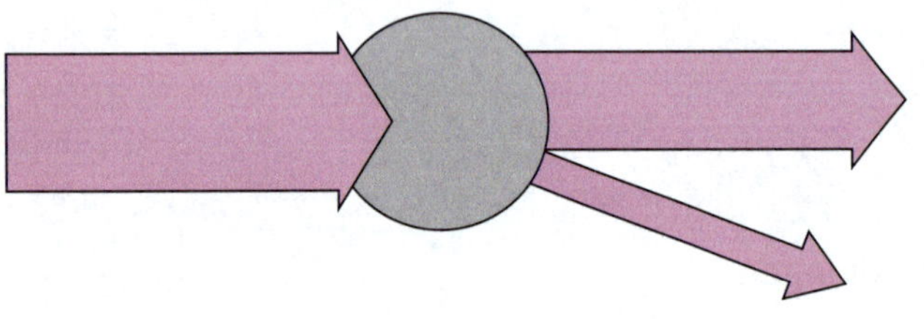

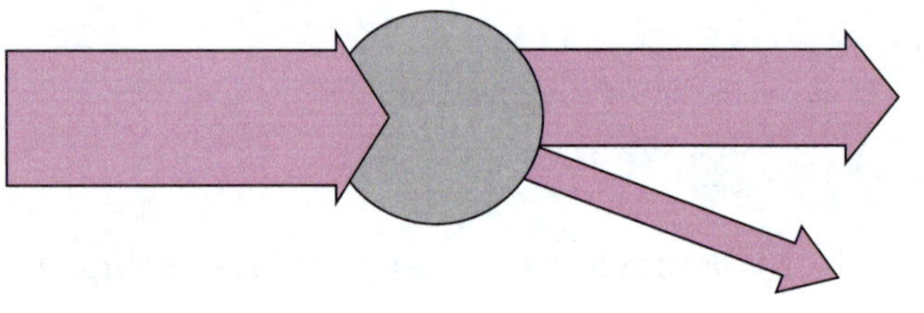

2 Fahrraddynamo

a) Das Fahrradlicht entsteht durch einen Fahrraddynamo. Dabei erhält der Dynamo über die Bewegung am Fahrradreifen Energie, die er unter anderem in elektrische Energie umwandelt. Die elektrische Energie wird der Lampe zugeführt. Die Lampe wandelt die elektrische Energie in Licht um.
Erstelle ein Energieflussdiagramm mit folgenden Begriffen:

Fahrraddynamo • Wärme • Lampe • Bewegungsenergie • elektrische Energie • Licht • Wärme

b) Streiche die falschen Aussagen durch.
Die Menge an Energie, die dem Dynamo zugeführt wird, ist genauso groß/ist größer, wie/als die Menge an Energie, die abgegeben wird. Es geht/geht keine Energie verloren.

Energieerhaltung

1 Das Prinzip der Energieerhaltung

a) Kreuze die Energieformen an, die bei der Bewegung einer Schaukel auftreten.

- ☐ Höhenenergie
- ☐ Spannenergie
- ☐ Gesamtenergie
- ☐ Bewegungsenergie

b) Beim Schaukeln wird Energie umgewandelt. Welche beiden Energieformen wechseln sich beim Schaukeln ab?

2 Der Energieerhaltungssatz

a) Nenne den Energieerhaltungssatz. Das Buch hilft dir dabei.

b) Beim Schaukeln, musst du immer wieder Schwung geben, wenn du weiter schaukeln möchtest. Warum ist das so? Der Energieerhaltungssatz erklärt den Grund.

Kreuze den richtigen Grund an.

- ☐ Wenn die Höhenenergie steigt, muss die Bewegungsenergie erhöht werden, sonst stimmt die Gleichung nicht.
- ☐ Wenn die Höhenenergie gehalten werden soll, muss die Bewegungsenergie gleich bleiben. Dies wird durch das Schwungholen mit den Beinen erreicht. Die Gleichung gerät sonst ins Ungleichgewicht.
- ☐ Wenn die Höhenenergie sinkt, sinkt auch die Bewegungsenergie. Alles ist im Gleichgewicht.

c) Kreuze die Voraussetzung dafür an, dass Energie als Wärme abgeführt werden kann.

- ☐ Das Lager der Schaukel reibt an der Aufhängung.
- ☐ Es darf nur nachts geschaukelt werden.
- ☐ Es darf nur tags geschaukelt werden.
- ☐ Die Schaukel reibt an der Luft.

Sonnenenergie und elektrische Energie

1 Aus Sonnenlicht wird elektrische Energie

Setze die passenden Wörter in die Lücken ein.

Pfeil • Pfeil • Kreis • Wandler • Wandler • Maß • abgegebene Energie • zugeführte Energie • Energiemenge • gleich groß

Ein Energieflussdiagramm besteht aus der ______________________, dem ______________________ und der ______________________. Die zugeführte Energie wird als ______________________ dargestellt, der in den ______________________ zeigt. Der Wandler wird als ______________________ dargestellt. Von dem Wandler geht ein ______________________ ab. Das ist die abgegebene Energie. Darauf muss man beim Zeichnen achten: Die Pfeilbreite bestimmt das ______________________ der ______________________. Die Pfeilbreite beider Pfeile muss ______________________ sein.

2 Energieumwandlung im Toaster

a) Ein Toaster wandelt elektrische Energie in erwünschte und unerwünschte Energie um. Die Pfeilbreite vor der Wandlung ist genauso groß, wie die Summe der beiden Pfeilbreiten nach der Wandlung. Trage die Begriffe in das Energieflussdiagramm ein.

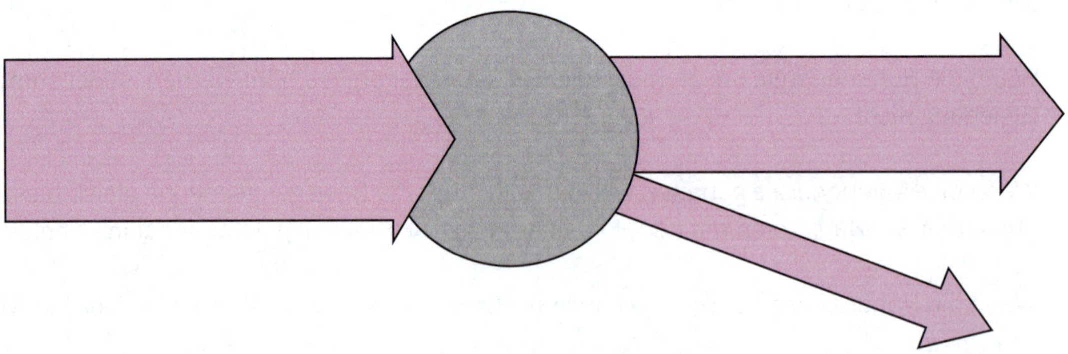

b) Trage in die Tabelle erwünschte und unerwünschte Energieformen aus deinem Alltag ein. Tipp: Denke an die Zimmerbeleuchtung und an Haushaltsgeräte.

Energiewandler	erwünschte Energie	unerwünschte Energie

1 Energieversorgung und Nachhaltigkeit

a) In der Tabelle findest du die wichtigsten Energieträger.
Kreuze an, ob es sich um fossile oder erneuerbare Energien handelt.

Energieträger	fossil	erneuerbar
Erdöl		
Steinkohle		
Sonne		
Wind		
Braunkohle		
Wasser		

b) Kreise die Vorteile der erneuerbaren Energien grün ein und die Nachteile rot.

Baukosten sind hoch

weniger CO_2 Ausstoß

sind meistens verfügbar

stören die Umwelt

die Energie ist teurer

müssen nicht aus anderen Ländern eingekauft werden

2 Fossile Energieträger

In Deutschland werden meistens noch fossile Energieträger genutzt.

a) Fossile Brennstoffe sind nicht ungefährlich. Nenne die Gefahren der fossilen Brennstoffe.

b) Die fossilen Brennstoffe sind begrenzt. Beschreibe, welches Problem dadurch entsteht.

1 Energierechnung und Energiemanagement

a) Schreibe einen Tag lang auf, wann und wie du elektrische Energie nutzt.
Trage es in die Tabelle ein.

b) Überlege, wie du elektrische Energie einsparen kannst. Notiere die Einsparmöglichkeiten.

c) Vergleiche deine Tabelle mit der Tabelle deiner Mitschüler. Überlegt euch weitere Einsparmöglichkeiten.

Energieprotokoll		
Gerät	Nutzungsdauer	Einsparmöglichkeit

2 Stromrechnung

Berechne den Netto-Betrag deiner Stromrechnung, wenn du 2500 kWh im Jahr nutzt.
Zur genutzten Energie kommen noch der Leistungspreis und der Verrechnungspreis hinzu.

Leistungspreis = 42,83 € Verrechnungspreis = 34,27 €

1 kWh = 21,77 ct → 2500 kWh = ____________________

Dann musst du die Cents in Euro umrechnen. Dafür teilst du dein Ergebnis durch 100:

54 425 ct : 100 = ____________________

Netto-Betrag = Leistungspreis + Verrechnungspreis + genutzte Energie in Euro =